DARLING SALAS

El Último Recuerdo que Dejó tu Muerte

Título original:
El Amor en Tiempos de Nieve
Título de la segunda edición:
El último recuerdo que dejó tu muerte

SEGUNDA EDICIÓN, 2022

© Autora: Darling Salas
Instagram: @escritossalas
© Portada: Roxana Barahona O
Instagram: @roxanaboarts
© Diseño de Cubierta: Christian Rêv
Instagram: @christianrev.es
©Prólogo: Manuel Ignacio
Instagram: @manuel_ignacio.1
©Epílogo: Jairo Guerrero
Instagram: @jaiiwriter

*A mis muertos y a todas aquellas personas
que de alguna u otra manera han vivido
el amargo dolor de una partida.*

*"He conocido muchas maneras de morir,
pero ninguna se compara a la forma
en que morí el día en que dejaste
de respirar sobre mis brazos".*

«El Último Recuerdo que Dejó tu muerte»

Querido(a) lector(a):

Mi nombre es Darling. Darling Salas. Para ser honesta nunca he sido buena con los comienzos, pero aun así quiero empezar agradeciéndote por estar aquí, por abrirle un espacio a mis letras y, sobre todo, por permitirme contarte mi historia.

Antes de continuar quiero aclararte que *esto* antes de ser una carta es una advertencia. Este no es cualquier libro, no, aquí te encontrarás de frente con la voz de mi alma gritando de mil maneras. En estas 244 páginas estoy dejando algo más que mis versos o mis textos, aquí no solo es mi imaginación hablando. Lo que encontrarás aquí son fragmentos de mi ser; pedazos rotos que se quedaron como náufragos en el dolor hasta que un día decidieron formar parte de este nuevo camino…

Perdóname si en el trayecto derramas alguna lágrima en medio de las memorias; sé cómo se siente, yo lo viví antes de llegar aquí y, aun después de escribir. Perdóname, mi corazón se ha encaprichado en escribirles una novela o una historia a todas aquellas personas que un día amé, —y sigo amando— pero que por alguna u otra razón se fueron sin avisar, sin darme tiempo de procesar la tormenta que estaba por llegar.

Querido(a) lector(a), si has llegado hasta aquí no te pido mucho, solo que me abraces a mí, a ti, a los tuyos y a este pequeño dolor que se ha quedado entre las líneas de esta segunda edición.

Con amor:

Darling Salas

"Me duele el último recuerdo, el último beso y el último abrazo. Me duele esta vida sin ti".

Prólogo

Cuando comencé a leer El Amor en Tiempos de Nieve (El Último Recuerdo que Dejó tu Muerte), no imaginé la vorágine de emociones que me llevaría.

El retroceso en el tiempo, la forma en cómo la autora maneja los recursos literarios para dar vida a cada palabra escrita es simplemente increíble.

Este libro es una introspección hacia la vida misma. Nos adentra fuertemente en la piel de quien lo escribe y nos hace sentir todo el dolor causado a través de cada pérdida.

Zoe, una chica que lo perdió todo, pero que a través de la poesía y en medio de un vals, encontró el amor.

Derek, aquel quien sin saberlo salvó a Zoe de todas sus angustias. Además, a partir de una carta confiesa todo lo que sentía…

Ellos me hacen creer que amar, siempre, sin importar qué pase es lo que necesitamos para volver a construirnos.

Te invito a sumergirte de la mano de Darling Salas en esta historia donde el dolor pasa de ser un gran maestro para convertirse en ese amor que ve pasar mientras la nieve cae por la ventana.

Pon atención a cada poema escrito porque quizá y terminas encontrándote en más de uno.

Víctor Manuel Ignacio Robles
@manuel_ignacio.1
Morelia, Michoacán, México, 13 de noviembre de 2020

Messaggio

Cuando tenía catorce años murió mi abuela y diez días después mi tío favorito. Sentí que la vida se me acababa... Unos meses después falleció uno de mis amigos más queridos —todavía guardo el corazón rojo con el que jugábamos— esa muerte me marcó para siempre porque fue diferente, no me lo esperaba, no de él. Francamente esa tarde sentí morir... A mis 16 caí en depresión y me enfermé, conocí a una señora que me acompañó en el proceso y cuando obtuve mi alta, me despedí diciéndole que la esperaba en mi casa. A los meses se fue, no soportó la operación y nunca la pude ver.

A mis diecisiete años ya había perdido siete personas que amaba. Algunas se fueron por cáncer o alguna enfermedad diferente, otras simplemente dejaron su último respiro en un infarto y otras por razones que todavía desconozco. Con el tiempo supe que por más que intentara curarme, había heridas que iban a doler para siempre —unos días más que otros— porque algo dentro de mí había muerto para siempre, pero aun así comprendí que lo importante era seguir, buscar un recuerdo, un detalle, algo que representara a ese alguien significativo que se fue.

Nunca fue fácil, me quebré noches y días. A los últimos funerales ni siquiera asistí, no soportaba acercarme a los cementerios. Además, quería conservar la última imagen, la última sonrisa, el último beso, el último abrazo, algo que no conseguiría ahí... Siendo honesta, todavía no sé si fue lo correcto, no obstante, quise aferrarme a que lo fue.

A veces me siento culpable por no haberme despedido, por no haberlo sabido —como si dependiera de mí—, por no haber dicho "te quiero", "te amo" más veces... En algunas ocasiones no cierro mis ojos porque siento mis memorias haciéndome un hueco en el pecho por lo que no puedo dormir; me pesa la vida, me sangran los viejos tiempos. Otras veces me acuesto en la cama y lloro sin ningún consuelo porque algo quedó roto. Sin embargo, no siempre estoy naufragando en mi dolor. A veces levanto mi cabeza, miro al cielo, contemplo las fotos, los pequeños detalles y siento paz porque entiendo que están en un mejor lugar, que su tiempo había llegado —aunque jamás estuve de acuerdo—. Entonces sonrío porque recuerdo las risas y los momentos bonitos que vivimos. Aquellos instantes que jamás morirán, aunque pasen los años…

Este libro nació de todas mis heridas y de todo el dolor que viví en tan pocos años, pero también nació en memoria de mis muertos y para ser un consuelo a las almas que quedaron rotas tras un adiós. Y sí, está lejos de ser la mejor novela, ni siquiera sé si es realmente buena, solo sé que una parte mía quedó ahí deseando abrazar a todo aquel que lo lea y se sienta frágil. Ese es mi mayor deseo; ser un pañuelo, un apoyo, una caricia en este proceso, así que gracias por hacerle un lugar a este pequeño mundo de letras.

Senza salutare

.

La noche 22 de enero de 1999, la italiana; Zoe Winkler Hussein, decidió que era momento de salir por un té de aquellos que la acompañaban en cada invierno cuando se sentía desanimada y tristemente sola. Pensó que había llegado la hora de escapar de su escondite entre las cobijas y los copos de nieve que caían al otro lado de su enorme ventana. Quería convencerse a sí misma de que ya era tiempo de perderse un rato en la antigua cafetería que tanto le encantaba, aunque en el fondo, era completamente consciente de que la nostalgia por momentos la acompañaría.

A pesar de su deseo por ir, en su corazón sentía las cargas de un pasado que, ciertamente, en el alma dolía tanto como si no hubieran pasado más que los segundos previos a la llamada que cambiaría su vida para siempre. Llena de dudas e inseguridades la joven logró —casi a rastras— llegar hasta el baño de su habitación.

Eran aproximadamente las 20:00 horas cuando salió de la ducha y fue en busca de una campera y su vestido rojo que tanto le encantaba. Amaba el recuerdo bonito que aparecía en las memorias de su infancia en medio de su vetusta sala...

—*Oye, Zoe, ¿qué te parece si bajas y le muestras a los abuelos lo que has estado aprendiendo en la Scuola Di Danza?*

—*Sí, sí, deberías mostrarles,* —*gritó su padre asomándose por las gradas con entusiasmo, dejando en evidencia todo el orgullo que sentía por su pequeña.*

Zoe, desde su habitación, no podía evitar el temblor en sus manos y, mucho menos, la sonrisa que se dibujaba en su rostro al compás de los aplausos que provenían del primer piso. La felicidad y el amor que habitaba su corazón en aquellos momentos donde su familia estaba reunida era tan extensa que aun en sus ojos se hacía presente.

—*¡Ya voy!* —*Exclamó la niña entre risas.*

Al cabo de un rato, en medio de la noche y las gradas, apareció una pequeña de cabellos negros hasta la cintura sonriendo mientras movía de un lado a otro su vestido rojo al compás de los pasos que había aprendido en la academia. En aquel instante se podría casi jurar que brillaba más ella que las lámparas que adornaban la sala de estar.

Su abuelita la contemplaba con tanta admiración que al final, para ella, fue imposible congelar las lágrimas de orgullo en sus delicados ojos.

—*¿Por qué lloras, cariño?* —*Susurró Zoe secándole las gotas saladas que se escapaban por sus mejillas coloradas.*

—*Me siento muy orgullosa de ti, querida. Desde que supimos que vendrías al mundo la felicidad nos abrazó desde el alma, desde el amor. Somos muy afortunados.*

—*Los amo demasiado,* —dijo Zoe dejando un tierno beso sobre la frente de su amada.

La noche, de repente, se volvió más oscura. Un mar de lágrimas quiso derrumbar su fortaleza al recordar, no obstante, en medio de todo el dolor que su corazón muy en el fondo sentía, se abrazó. Buscó la fuerza que la había acompañado durante los últimos años y, en un último intento, se colocó sus botas favoritas. A pasos ligeros —con la intención de no arrepentirse— bajó hasta el primer piso, tomó las llaves de su automóvil y se dirigió a la cafetería.

Aquel lugar era realmente significativo para Zoe. Durante todos los inviernos, cuando era una pequeña niña, solía frecuentarlo con sus padres…

—*Buona sera!* —*Saludaba con gran entusiasmo en cuanto cruzaba por la puerta.*

—*Hey! Che bello rivederti!* —*Contestaba el dueño de la cafetería con una gran sonrisa.*

La familia Winkler Hussein era muy querida, en especial Zoe, quien se había ganado el cariño de todos con su dulzura y empatía hacia los demás…

—*Cosa vuoi bere? Latte Macchiato?* —*Preguntaban los camareros al acercarse aun sabiendo que esa era una de sus bebidas favoritas.*

—*Latte Macchiato, per favore,* —*respondía la niña con una sonrisa aún más grande.*

—*Amo esta cafetería, mamá. Es mi lugar favorito.*

—*Nos alegra que te guste, mi niña,* —*respondió Michael, su padre.*

Hubo un silencio largo hasta que Zoe volvió a abrir su boca con cierta tristeza saliendo de su interior:

—*Prométanme que nunca dejaremos de visitarlo, que este será nuestro sitio seguro, donde construiremos más recuerdos y momentos juntos especialmente cuando el invierno llegue... Por favor.*

—*Es una promesa,* —*contestaron ambos simultáneamente mientras sujetaban la mano de su amada hija.*

Cada metro recorrido hacia su destino le costaba una lágrima, pero no se trataba de las distancias en la tierra, sino de las memorias que le empapaban el alma al recordar el día en que todo cambió para siempre.

Julio, 1985

Julio era un mes con un inmenso significado en la familia Winkler, no solo representaba el maravilloso verano y el calor que les abrigaba, sino que también simbolizaba su gran amor, aquella llama de pasión que día a día crecía.

En cada aniversario los padres de Zoe hacían un viaje para celebrar todo lo que habían logrado y el incremento del cariño en sus vidas. El año 1985 no fue la excepción para aquellos dos locos enamorados. A decir verdad, desde un par de meses antes habían estado planeando un viaje a los románticos canales de Venecia para celebrar su décimo primer aniversario.

En aquel entonces Zoe era tan solo una niña de ocho años, un ser pequeño que amaba y admiraba sobre todas las cosas a sus padres. Se podría decir que nunca decía en voz alta los deseos de su corazón por miedo a que la magia que los habitaba para llevarlos a la realidad los desapareciera sin más, no obstante; en sus ojos se podía apreciar el anhelo de encontrar, algún día, un amor así de puro y real. Sus padres eran su pareja ideal, eran su ejemplo, su inspiración, su aspiración, su todo.

Durante esa celebración la pequeña se había quedado en casa de sus abuelos, amaba pasar tiempo con ellos y para ese momento comprendía que, así como ella sus padres también necesitaban un tiempo a solas, que eso no le quitaba su lugar, sino que fortalecía el amor.

Zoe era realmente inteligente para su corta edad. Era de esas niñas que con un pequeño diálogo comprendían cada situación. Era una chica feliz y atenta. Siempre buscaba la manera de alegrar los corazones, de respetar los espacios y comprender la vida. No parecía que tenía ocho años; quienes la conocían siempre decían que era una adulta en el cuerpo de una inocente y dulce niña.

Violette y Michael, aunque estaban lejos de su pequeña, siempre, todos los días, alrededor de las 11:00 horas le hacían una corta, pero cariñosa llamada a Zoe y a sus abuelos, el señor Augusteen y la señora Bridget. Eran de esos padres que ponían el amor por encima de todas las cosas. Dos adultos que se preocupaban por los suyos. Zoe, definitivamente, era su pequeña versión.

—¡Hola, *stellina mia*! —Decían sus padres al unísono en cuanto escuchaban las risas de felicidad al otro lado de la línea.

—¡Mamá! ¡Papá! ¿Cómo han estado?

—Muy bien, *principessa* y ahora que te hemos escuchado estamos mucho mejor. ¿Tú cómo estás?

—Súper feliz. La abuelita me ha preparado nuestros brownies favoritos, hemos visto películas y me han cantado. ¡Adivinen! —Gritó emocionada—. Esta vez he sido yo quien les ha contado una historia.

—¿Ah, sí? ¿Escuchaste, *dolcezza*? —Preguntó con alegría la señorita Violette a su amado esposo.

—Ya tenemos quién nos lea un cuento por las noches, —agregó sonriendo.

—¡Así es! ¡Qué orgulloso me siento de nuestra pequeña!

—¡Papá! Ya no soy tan pequeña, ¿recuerdas? Pronto cumpliré nueve años, —dijo ella con cierta timidez.

—Lo sé, *angioletta*, es solo que tú siempre serás nuestra pequeña, —respondió él algo apenado y con cierta nostalgia en su voz, como si aceptar que su niña estaba creciendo doliera de alguna manera.

—No te vayas a poner triste, papá, tú sabes que siempre seré tu niña, ¿no?

—Siempre, siempre.

—Zoe, prométenos que al regresar a casa nos contarás una de tus historias. No sabes cuánto anhelamos escucharte, —dijo recordando lo feliz que se sentía por su hija.

—Lo prometo, —contestó tratando de ocultar lo inevitable: su profunda felicidad.

—Te amo, papá. Te amo, mamá. Los amo demasiado.

— Te amamos más, *caro*, —con una sonrisa en el rostro y otra en el corazón se despidieron de su niña.

Aquellas llamadas no solían durar muchos minutos, pero sí lo suficiente para llenar el corazón de Zoe y sus amados padres, porque al final, nunca se había tratado de los segundos, las horas o los períodos, sino del amor que se desbordaba incluso en los microsegundos.

Sin embargo, nada de eso duró demasiado. De repente, el tiempo tomó mayor relevancia.

Al llegar el quinto día algo inusual ocurrió. Los minutos pasaban y no había señales de Violette ni de Michael. Zoe, como cualquier otra niña, no dejaba de mirar el reloj preguntándose por qué el teléfono no había sonado si sus padres solían ser puntuales. Caminaba con desespero de un lado a otro como si caminar de esquina a esquina fuera a lograr al menos un timbre en aquel aparato.

¡Cuánta desesperación en un minúsculo cuerpo! ¡Cuánta ansiedad encerrada en un ser tan pequeño!

Después de subir una y otra vez las gradas, logró articular sus pensamientos:

—Abuelita, ¿sabes por qué mamá no ha llamado? ¿Has hablado con papá hoy? —Preguntó la niña tocando sus cabellos mientras se encogía de hombros—. He estado esperando su llamada, pero no he escuchado ni un solo timbre en este teléfono. ¿Se habrá dañado? No me gustaría que mamá se preocupe pensando que algo nos ha pasado. ¿Te imaginas cómo se pondría papá? No, no. No quisiera que se preocupara. Ya sabes que, aunque lo intente disimular, sus ojos siempre evidencian lo que hay en su corazón y se podría afligir en lugar de disfrutar.

—No, mi niña. Te aseguro que nada ha pasado con el teléfono de esta casa así que no debes preocuparte por eso, ¿de acuerdo? Es un poco más probable que desde donde estén la señal esté fallando, ya sabes; en este mundo de la tecnología pueden pasar muchas cosas. Sin embargo, intenta estar tranquila. En cualquier momento llamarán, —respondió Bridget con serenidad.

—¿Y si los llamamos nosotras?

—No sé si sea buena idea en este momento. ¿Qué tal si no es la señal o la tecnología? ¿Qué tal si están ocupados?

Zoe, quien siempre había sido obediente y aceptaba la respuestas con tranquilidad, observaba a su abuela con cierta desaprobación. Movía su cabeza de un lado a otro como si quisiera convencerse de que era una pésima idea. A decir verdad, para ella lo era.

—¿Te parece si esperamos un poco más y llamamos? Bridget podría tener razón, —intervino Augusteen con cierto nerviosismo.

—Está bien, abuelo, pero prométeme, por favor, que llamaremos antes de que se oculte el sol.

—Lo prometo, *principessa*.

Los minutos en el reloj seguían corriendo, pero la niña se sentía congelada en el tiempo, en la desesperación de saber que no se adentraba llamada alguna, que la espera parecía en vano en cada tic tac que hacía aquel cronómetro en la pared de su casa. Eran tantos los pensamientos que la atormentaban que llegaba a creerse indefensa ante su propia mente.

Al principio se sentía algo sola, en el fondo creía que la habían abandonado, sin embargo, rápidamente esa absurda idea se esfumó. Ella muy bien sabía que ellos la amaban por encima de todas las cosas; jamás harían algo así y menos después de su última llamada. Sus padres no eran ese tipo de persona y ella lo sabía con certeza.

Sin embargo, no la juzgo ante semejante pensamiento, era una niña aturdida por su pequeña cabeza. Su pecho estaba siendo bombardeado por el temor, la ansiedad, la desesperación. ¿Cómo podría alguien tan joven mantener la calma si todo a su alrededor le recordaba que el tiempo avanzaba, pero el timbre no sonaba?

Aun así, dejó que pasaran otros minutos mientras intentaba pensar en cosas simples como el haberse olvidado del móvil o sentirse muy cansados al punto de no poder marcar. No obstante, a pesar de sus arduos esfuerzos algo dentro de ella se sentía mal, tenía un pésimo presentimiento o quizá, solo quizá su preocupación, —al menos eso quería creer, que era parte de su imaginación—. Sin embargo, el reloj en la pared seguía anunciando que algo no marchaba bien, que la aguja sobre el 1 sin llamada no era normal.

Entonces, la carga se volvía demasiado pesada sobre su espalda y sus sentimientos. El subir y bajar los escalones ya no tenían efecto en aquella tarde más que el dolor de sus pequeños pies cansados y lastimados. Ya nada la ayudaba, ni siquiera los libros que tanto amaba.

La punzada en el corazón a causa de la velocidad de sus latidos no la dejaban respirar con tranquilidad. Las gotas saladas deslizándose en sus mejillas la llenaban de impotencia, de inseguridad. Sentía que se ahogaba entre sus ideas, entre las manecillas que por más ruido que hacían no lograban silenciar todo lo que pasaba por su mente. Era demasiado peso para una pequeña de tan poca edad.

Totalmente rendida, sin saber qué más hacer o cómo actuar, se acercó nuevamente a sus abuelos.

—Ya sé que es temprano, que quizá se durmieron o se olvidaron de su móvil, pero abuelos, necesito saber dónde están, —pronunció con su voz infantil un poco rota.

Augusteen y Bridget intentaban no alarmarse, pero también sabían que esto no era normal. Los escenarios en sus mentes eran aterradores incluso cuando intentaban aferrarse al pensamiento de su nieta. Ya no podían más con las lágrimas que se querían asomar en sus ventanas.

—Vamos a llamar, — dijo la abuela sin titubear.

—Quizá podríamos esperar un poquito más, —intervino el abuelo.

—No, cariño, pudo pasar algo, quizá esta vez están esperando que seamos nosotros quienes marquen primero. Además, no perdemos nada con intentarlo, ¿o sí? —Preguntó sin alzar su cabeza.

—Tienes razón, —se disculpó como si la situación pesara también sobre sus hombros, como si se sintiera culpable por no haber marcado antes.

Todo aquello los hacía caer uno a uno aun cuando intentaban ser fuertes.

Bridget tomó su mano y en un intento casi fallido sonrió. Fue una de las sonrisas más vacías que se habían presenciado en años, aunque lo peor no era eso, sino la falta de brillo en sus ojos.

¿Cómo era posible que una demora provocara tantas reacciones en un cuerpo humano? ¿Cómo era posible que la falta de un timbre pudiera borrar por completo la esencia de una sonrisa? ¿Cómo era posible que la ausencia de una llamada hiciera un nudo en la garganta y otro en el pecho, donde habitan los latidos? ¿Cómo era posible que aun sin la certeza de nada y la fe de todo, aquella familia cayera a pedazos? ¡Qué alguien me explique cómo es que el tiempo puede cambiarnos hasta desconocernos! ¡Que alguien me dé las respuestas a estas preguntas que me sé de memoria después de tantas veladas a solas!

A pasos lentos e inaguantables lograron llegar hasta el teléfono. Intentaron una y otra vez marcando el número de su hijo y el de su esposa, pero nadie contestaba. Al otro lado de la línea solo había una respuesta y no era la que esperaban. La situación se tornaba cada vez más oscura. Ya ni siquiera eran capaces de mantener toda la cordura ante Zoe quien los miraba con un rayo de esperanza pidiendo desde sus adentros recargarse en sus brazos tras cada llamada.

Las expresiones en sus rostros habían cambiado. La abuela no dejaba de morderse las uñas, el glamur había quedado de lado, el desespero hacía que sus labios llegaran hasta sus cutículas pintándolas de rojo carmesí. Y, el abuelo, tratando de mantener su postura, no hacía más que caminar de la cocina a la sala con la cabeza baja. Parecía que contaba y luego otra vez volvía a marcar. Sin embargo, era imposible, ¡no había respuesta!

Al borde del colapso se dieron por rendidos. Se sentaron de mala gana sobre los sillones y entre los tres intentaron sacar una mejor conclusión o al menos una que espantara los miedos que en sus corazones se encondían.

—Quizá se han quedado sin batería, —sugirió Zoe tratando de creerse su propias palabras.

—Tal vez iban a marcarnos y se les escapó el móvil de las manos…

—Sí, seguro cayó al agua, —interrumpió Bridget.

—De hecho, tiene sentido. ¿Tú qué crees, pequeña?

—Mm, pues si lo analizamos bien no podría resistir la humedad, por lo tanto, tampoco timbraría.

—¡Qué niña tan *intelligente* eres! ¿Estás escuchando, Augusteen?

—Nuestra nieta es asombrosa —hizo una pausa—. Lo supe desde el primer día en que te vi, —dijo dirigiéndose esta vez a ella.

—¿Te acuerdas de ese día? —Preguntó Zoe llena de curiosidad.

—Oh, claro que sí. ¿Quieres que te cuente? —Augusteen jugaba con sus palabras para distraer a la niña.

—¡Por supuesto! —Exclamó.

—Era enero de 1976. Hacía mucho frío debido a la nieve que cubría rápidamente las calles, la gente iba vestida con camperas, botas y gorros de lana, entre ellos tus padres. Normalmente nos reuníamos para ir a tu cafetería favorita, no obstante, ese día dijeron que querían venir a casa, que necesitaban contarnos algo. A decir verdad, nos asustamos un poco, pero claramente accedimos:

—¡*Ciao*, mamá! ¡*Ciao*, papá!

—Tu madre no dejaba de tambalearse. Jugaba con sus dedos y luego con los de Michael.

—¡Se comportaban como niños! —Intervino Bridget soltando una carcajada.

—Oh, sí, sí, de hecho, estaban sentados justo donde tú estás, —continuó Augusteen con una enorme sonrisa como si el amor y los buenos recuerdos fueran la cura para toda preocupación.

Zoe los contemplaba con mucha admiración. Atenta, esperando la siguiente frase que la acercaría de alguna u otra manera a su primer encuentro con los abuelos. Le causaba demasiada ilusión el cariño que se asomaba en sus rostros. La pureza de sus palabras se reflejaba en sus miradas. ¡Qué bonita forma de sentirse amada!

—Después de unos segundos Michael se acercó a tu abuelita como un niño tímido, temblando, sonrojado y con un beso y un abrazo nos dio la noticia de que sería padre, —continuó Augusteen—. Nosotros no los podíamos creer. La felicidad era tan grande que pronto la sala se llenó de risas, saltos y felicitaciones. ¡Íbamos a ser abuelos por primera vez! Bridget y yo no podíamos dejar de abrazar el vientre de tu madre como si tuviera cinco meses de embarazo y no uno. En aquel momento no podíamos sentirte físicamente y era obvio; a penas te estabas formando, pero en nuestros corazones sí te sentíamos desde el primer instante en que supimos que llegarías al mundo.

—Fue uno de esos días que se te quedan grabados en el alma para recordarte perpetuamente, a pesar de todo, que hay días buenos, instantes que te cambian para siempre. Fue uno de esos sucesos que te recuerdan que en el amor se encuentra la respuesta a todo, —dijo Bridget sonriendo desde el corazón.

La niña tenía una sonrisa tan extensa en su rostro que se podría decir que ahí, entre sus labios, cabía el amor de todo el universo. ¡Era asombrosa! ¡El lucero estaba en su mirada!

—Claramente no sabíamos que serías una niña, todavía eras muy pequeña, pero con total certeza éramos conscientes de lo mucho que te amaríamos. Siempre lo supimos.

—Llegaste para recordarnos que el amor no conoce de tiempos ni tiene límites, que los humanos somos capaces de amar incluso lo que no es visible y que nuestro corazón es experto en extenderse para hacerle espacio a alguien más, —agregó Bridget con ternura.

Augusteen se encogió de hombros mientras sonreía con dulzura. Ciertamente aquella novedad les había cambiado la vida para siempre. El cariño seguía creciendo y su pequeña nieta era el reflejo puro de todo el afecto con el que había sido recibida.

Como por acto de impulso Zoe corrió a los brazos de sus abuelos, besó sus mejillas y en alta voz les confesó cuánto los amaba.

Esas pequeñas acciones tenían demasiado peso para ellos; nunca dejaban de llenarles el corazón.

Estaban los tres aún abrazados cuando el teléfono comenzó a sonar. Se volvieron entre ellos con gran ilusión y, antes del tercer timbre, la abuelita se acercó y, soltando un suspiro contestó creyendo que se trataba de su hijo y su nuera.

—¡Hola, *buona serata!*

—*Buona serata!* —Se escuchó la voz de un joven al otro lado de la línea—. ¿Hablo con los señores Winkler, los padres de Michael? —Preguntó desde su frialdad, desde su terror.

—Sí, soy su mamá, pero disculpa, ¿quién eres? —Preguntó la señora Bridget con voz muy aguda, casi inaudible y con gotas de sudor recorriendo su cuerpo y sus manos hasta el temblor.

El joven, quien por su voz se podría decir que tenía muy pocos años, volvió a hablar, pero esta vez con un tono que se percibió como lúgubre.

—Mi nombre es Alessandro, —carraspeó—. Llamo desde el hospital civil de Vene...

El chico no había terminado la oración cuando Bridget rompió a llorar sintiendo dentro de sí que su peor pesadilla se volvía una realidad en tan solo un par de minutos. Estaba asustada, aterrada. Su voz se cortaba, desaparecía al compás de los segundos que quedaban atrás. Su piel se tornaba pálida, sus manos se sentían frías y sus piernas temblaban, parecían que ya no podían soportar su delgado cuerpo. Alessandro no hablaba, pero ella se rompía y el peso de sus lágrimas fragmentaban todo a su paso.

Ella esperaba que fuera su familia quien hiciera timbrar el teléfono, no un hospital. Entonces, aún ni siquiera había preguntado cuál era el motivo de su llamada cuando dentro de sí misma sintió que el mundo entero se caía a pedazos, así como todo el mar que salía de sus ojos. No podía mantener sus pensamientos fríos ni tranquilos. Todo dentro de ella dolía y temblaba cual terremoto que arrebata todo a su paso… Todo dentro de ella reaccionaba, pero seguía en shock.

Augusteen, quien se encontraba cerca de la abuela, tomó con preocupación el teléfono y con un tono realmente preocupante, habló.

—*Buona serata?*

—Hola, buenas tardes, —volvió a hablar Alessandro—. Le comentaba a la señora que llamo desde el hospital civil de Venecia.

Un escalofrío recorría la piel del abuelo. Se hacía mil preguntas por segundo y, en su mente, suplicaba porque no fuera una mala noticia, porque todos sus pensamientos no fueran más que una mala jugada de su mente. A pesar de todo, intentaba ignorar lo que ya parecía bastante obvio. Él trataba de mantener a flote su poca fe; su pequeño rayito de esperanza. Francamente no quería romperse frente a Zoe ni Bridget, no quería parecer débil como si no fuera de humanos sentir que se detiene la vida cuando el dolor y la desesperación bombardean el alma…

Rogaba desde su corazón porque todo estuviera bien, porque fuera una vorágine de sentimientos y presentimientos precipitados. No obstante, al final, aunque se hincara sobre sus rodillas y clamara al cielo desde su inocencia y padecimiento, ninguna de sus peticiones lograría evitar la respuesta más temida que le aguardaba al otro lado de la línea.

—Lo siento, *signore*, pero debo hablarle con claridad. Su hijo y su acompañante han sufrido un accidente. En este momento la chica está siendo trasladada hacia cirugía ya que está en un estado realmente crítico y el señor Michael... —suspiró y con tono de pesadez y empatía continuó su frase—, lamentablemente no ha sobrevivido.

—Hubiéramos preferido hablar de esto personalmente, pero necesitamos su consentimiento para poder llevar a cabo el proceso de la señora Hussein. No nos queda mucho tiempo, —agregó.

Para ese instante ya Augusteen se había desconectado del mundo, su mente estaba en otro lugar y sus ojos escasos de brillo comenzaban a romperse al compás de su corazón, este que lejos de su cuerpo se encontraba entre los escombros de aquella noticia que se había sentido como un disparo al alma.

¿Has escuchado sobre las personas que mueren, pero siguen respirando? Augusteen fue una de esas. Esa tarde no solo sintió que el alma se le escapaba entre las lágrimas congeladas que almacenaban todo su dolor debido a su pérdida, sino que también una parte de él murió para siempre. Sus ojos se apagaron, su mirada no encontró más el brillo que le faltaba, su corazón se sintió de piedra —aunque quemaba—, su ira lo hacía pequeño, su impotencia se quebraba, su vida dolía en cada respiro, pero sus gotas saladas no salían.

—Hagan todo lo que sea posible, —respondió el abuelo de Zoe.

—Comprendo la gravedad de la situación, el dolor que pueden estar experimentando, pero es urgente que se presenten pronto, —continuó Alessandro—. No sabremos cómo resultará la intervención quirúrgica, —el enfermero seguía hablando y, aunque estaba al otro lado de la línea, su voz se escuchaba a millas de distancia—. Es importante que estén aquí, —insistió.

Hubo un silencio incómodo, pero entendible entre las dos líneas telefónicas, entonces las lágrimas del señor Winkler comenzaron a correr por sus mejillas tan velozmente que parecían hacer competencias entre sí.

¿Cuál era el sentido de llegar a su fin? ¿Por qué no podían ser cautelosas? ¿Por qué? ¡¿Por qué?! Las preguntas se hacían pequeñas ante la ausencia de tantas respuestas. No había nada que decir. ¿De dónde se sacan las palabras cuando el dolor toca las vidas sin previo aviso? No es fácil abrir la boca cuando sangras hasta morir…

Después de unos minutos Augusteen logró retomar su postura y con lágrimas todavía deslizándose una y otra vez por sus mejillas logró articular tres palabras:

—Allí estaré. Gracias, —y, sin más, cortó.

Desde el otro lado de la sala Zoe buscaba la manera de descifrar por qué había tanta tristeza en el rostro pálido y arrugado de su amado abuelo. Quería saber qué había apagado la sonrisa que cargaba su rostro tras contar su llegada. Quería comprender cómo algo tan puro podía colapsar hasta volverse nada, quería tener explicaciones porque en aquel instante no entendía ni tenía la certeza de nada de lo que ocurría... Aquella pequeña luchaba contra su mente, intentaba hacer caso omiso a sus muchos pensamientos, sin embargo, bien dicen que cuando algo malo sucede esto hace eco en el pecho de quienes aman...

Las preguntas entre los adultos comenzaron a surgir, los susurros no se detenían y los secretos por más ocultos que estuvieran entre sus palabras, siempre lograban salir a flote entre sus miradas y sus lágrimas; su rostro entero era la evidencia rota que había dejado el huracán del dolor.

Era verano, pero en sus corazones se sentía como una noche de invierno bajo la nieve de diciembre, sin un refugio, sin nada que les calentara el cuerpo y, mucho menos, el alma. Era tanta la profundidad de sus sentimientos que resultaba imposible no romperse aun en medio de los brazos de su nieta.

¿Cómo se prepara la mente y el corazón para dar una noticia así cuando ni siquiera tú mismo eres capaz de soportarla porque pesa dentro y sobre de ti? ¿Cómo se le dice a una niña que una parte de su vida se romperá para siempre porque su padre ha tomado otro rumbo? ¿Cómo se hace para que las palabras no atraviesen como dardos ni balas el pecho? ¿Con cuáles palabras se le dice a alguien que se prepare para la tormenta cuando afuera el sol arde como llamas? ¿Cómo se le explica a alguien que el destino a veces puede ser realmente jodido? ¿Cómo? Si hasta tú mismo sientes el frío de la noche oscura recorriendo tu cuerpo, congelando tu ser, volviendo inmortal el eco del dolor, ese que te recuerda en cada suspiro y latido que una parte tuya murió al compás de una frase que a pesar de ser corta nunca tendrá final.

¿Cómo? ¿Cómo le hablas de la muerte a una pequeña que esperaba con tantas ansias a sus padres para leerles un cuento? ¿Cómo le dices que no llamaron porque algo salió mal y ahora uno de ellos jamás regresará a sus brazos? ¿Cómo te tragas el sufrimiento sin derramarlo como lágrimas al abrir tu boca? ¿Cómo? ¡¿Cómo?! ¿Acaso existe alguna manera de emitir espinas sin dañar? ¿Se puede hablar de la tragedia sin sentir que el alma se escapa entre las palabras? No creería. Nadie puede ser lo suficientemente fuerte para no romperse durante algo así.

A pesar de las muchas preguntas que se asomaban con las heridas, ninguno de los dos adultos era capaz de articular palabra alguna, ninguno podía mirar a su nieta sin prohibirle el paso a las gotas saladas. El dolor era tan intenso que su peso no les permitía sostenerle la mirada por más de diez segundos. Si no hubiera sido por el sonido interminable del sollozo, se podría jurar que las paredes de aquella casa se habían llenado de un silencio tormentoso que carcomía los recuerdos que quedaban en la sala como fotografías…

Desesperada por la carencia del léxico y el profundo llanto, la inocente, pero curiosa niña se atrevió a hablar, a realizar las preguntas que tanta angustia le causaban a su mente y a su corazón.

—¿Qué está pasando, abuelo? ¿Por qué no dicen nada? ¿Por qué lloran? ¿Por qué esta sala huele a sufrimiento? ¿Por qué se te apaga la sonrisa y con ello el brillo de tu mirada desaparece? ¿Por qué tantos susurros? ¿Por qué ninguno me mira por más de unos segundos? ¿Por qué? ¿Por qué actúan tan lejanos? ¿Por qué la ausencia de sus palabras me lastima y algo dentro de mí se quiebra? Ayúdenme a entender por qué siento el alma en llamas. Díganme qué puedo hacer para calmar su llanto si los abrazos ya no llenan. Quiero saber qué sucede, si he actuado mal, si les he provocado daño…

Pese a que la boca de esas personas mayores estaba medio abiertas a causa del leve temblor que se escapaba de sus labios, el mutismo seguía presente haciendo que Zoe se preocupara cada vez más a la misma vez que se acercaba a la respuesta que en el fondo evitaba encontrar.

—*Nonna*, ¿quién ha llamado? ¿Dónde está mamá? ¿Papá está bien? ¿Han sido ellos? —Hizo una pausa dolorosa y continuó—. Por favor, digan algo, respondan al menos una de mis interrogantes, ayúdenme a entenderlos. ¿Por qué lloran? ¿Por qué susurran? ¿Por qué siento que la incertidumbre carcome mi corazón? ¿Por qué nada de lo que digo es suficiente para obtener una respuesta? ¿Por qué presiento que estoy rodeada de almas rotas que romperán la mía también? ¿Es normal sentir todo esto a mi edad? Ayúdenme a entender qué sucede. Quiero comprender por qué hay tanto frío aquí. Necesito saber qué sucede y qué puedo hacer. Digan algo, por favor, —suplicó la pequeña con lágrimas.

La dulce niña en medio de su impotencia y falta de conocimiento hacía más diminuto el corazón de sus abuelos mientras agrandaba el nudo en la garganta con cada una de sus preguntas semejantes a las balas. Simplemente no era consciente de lo que pasaba, no tenía ni idea del peso ni de las consecuencias que tenían sus palabras.

Los abuelos, por su parte, todavía no decían nada, pero las frases de la pequeña generaban un desconsuelo inmenso. En su ingenuidad extendía la herida, hacía que la carga del dolor se deslizara entre sus ojos, entonces Bridget, con el corazón más blando de todos los tiempos, a través de la ternura y fuerza se acercó más hasta envolverla por completo con sus arrugados brazos y comenzó a hablar:

—Mi Zoe, mi querida Zoe, —el susurro fue apenas audible y, sin poder evitar que la voz se le quebrara, continuó—, lo que te diré se podría clasificar como la fuerza del dolor y la impotencia contra nosotros. Durante estos minutos hemos estado buscando la manera de atenuar el lamento de mis próximas palabras, pero hemos llegado a la conclusión de que no es posible, —advirtió.

Zoe la miraba confundida mientras que poco a poco se alejaba de sus brazos como si al fin, una pequeña parte de ella comprendiera de qué se habían tratado tantas lágrimas todo ese tiempo. Retrocedió un poco más, solo que esta vez con la compañía de tres gotas saladas sobre sus rosadas mejillas. Sentía temor. Su pequeño e indefenso cuerpo temblaba con cada paso. Se volvía ajena a lo que le rodeaba y se negaba a escuchar lo que presentía.

Yo, yo que estaba ahí, podría jurar que nunca había visto a una pequeña deseando devolver el tiempo con tanta desesperación. No quería, dentro de ella rogaba porque el silencio volviera a la sala, anhelaba que los labios de sus abuelos se cerraran, que las palabras no salieran como balas. Sin embargo, lo que más deseaba era que de todos sus presentimientos ninguno acertara...

—Tus padres sufrieron un accidente y, —trató de contener las lágrimas con la intención de poder continuar— Michael, mi amado Michael, tuvo que dejar esta tierra. Ahora está en el cielo, desde donde ha decidido cuidarnos, —la voz de Bridget se quebró junto a los cristales que desataron la tormenta en sus ojos y en su pecho, pero aun con el nudo apretando cada vez más su garganta continuó—. En cuanto a tu mamá, en este momento está en el hospital, el enfermero ha dicho que se encuentra luchando... Y lo siento, querida. Realmente lamento ser tan directa, pero es necesario que te prepares desde ya, que sepas a qué vamos.

Zoe intentaba controlar sus emociones, sin embargo, ya era tarde, un escalofrío había recorrido su piel, su alma y la había quebrantado en un mar de lágrimas porque todos sus temores se habían vuelto realidad cuando menos se lo esperaba, cuando menos preparada estaba.

—¡No! —Gritó entre llantos y lamentos—. Él dijo que volvería, ayer dijo que me traería un recuerdo y me abrazaría muy fuerte como recompensa por estos días de ausencia. Jamás dijo *adiós* —el labio inferior le temblaba con tanta intensidad que por más que lo intentaba, no tenía control sobre sí—. Él no me haría eso. Él estaba esperando que yo le leyera un cuento.

—¡Mientes! Él no pudo irse al cielo, no pudo hacerme esto. No se despidió ni me dijo «*A presto, mia principessa, mia Zoe*». No, mi papá nunca se iría sin llamar, —negaba incontables veces con su cabeza, pero en ningún momento su abuela retiró sus palabras.

—Él no se iría sin plasmar un beso en mi frente, y sin darme uno de esos abrazos que se impregnan aquí —señaló su corazón—. Esto no puede ser verdad, no lo es. No, no, ¡no! Esto debe ser una equivocación. Dime que esto es una pesadilla y que pronto voy a despertar. Ven, abrázame y dime que pronto todo esto acabará, que tan solo es el monstruo de mis sueños queriendo hacerme llorar, por favor, dime que nada es verdad. Si me amas, si realmente me amas, dime que es mentira, que mis padres están bien y pronto llegarán.

Con el alma hecha añicos, Bridget apenas fue capaz de darle una respuesta.

—Lo siento tanto, querida, pero hay cosas de la vida que jamás podríamos entender, circunstancias que por más que les busquemos una respuesta, no es posible dar con ella, al contrario, todo lo que se podría encontrar sería un vacío, un dolor tan inmenso como el mismo mar, —dijo haciéndose cada vez más y más pequeña—. Existen despedidas que irónicamente se dan así, en silencio cuando menos se le esperan… Además, pequeña, quiero que sepas que no sería capaz de mentirte y así como tu corazón, el mío también llora. Yo también quisiera que fuera una horrible pesadilla, de esas que se borran al despertar aunque tus mejillas se hayan mojado. Yo también anhelo que todo este tormento sea parte del evento del monstruo de la noche, quisiera, realmente quisiera que nada de esto fuera verdad, —hizo una pausa mientras secaba el mar de su rostro— quiero que por lo menos, el enfermero vuelva a llamar y diga que se ha equivocado, que nada de esto es cierto, que nuestra familia sigue intacta…

—Te juro que desearía devolver el tiempo y llamar temprano a tus padres, decirles que no salgan hoy de casa, no sé, tener la evidencia o al menos la capacidad de advertirles que no deben salir. Si pudiera, si tan solo pudiera lo haría porque por más que cierro los ojos y ruego al cielo que esto sea solo un mal sueño, al final no lo es, es la realidad pura golpeando nuestras almas sin más, —extendió la abuela con el peso de las lágrimas cayendo desde sus ventanas.

Zoe también se hacía diminuta. Su corazón perdía el ritmo de sus latidos, la sangre no circulaba como debería, —o tal vez sí, después de todo ¿qué no cambia cuando la muerte llega sin previo aviso?— Sus manos seguían temblando al igual que sus labios. Sentía que caería, que se rompería si es que aún quedaba algo dentro de ella que no estuviera roto.

Mientras tanto yo seguía ahí, viendo desde lejos, pero me sentía tan cerca que podía oler el dolor del desconsuelo y el frío del invierno. Aquella escena era el reflejo completo de una demolición sin ningún resentimiento, sin ninguna precaución. Nunca, nunca había visto algo así. Ahí solo había sufrimiento y nada que yo pudiera hacer para detenerlo.

Los abuelos chocaban entre las espinas de su pérdida y la desesperación de su nieta.

¿Puede alguien decirme qué es peor? ¿Perder a un hijo o a un padre? ¡Que alguien me diga qué hace uno cuando pierde a quien te vio nacer! ¡Que alguien me explique cómo se suturan las heridas que se abren al perder a quien le dio sentido a tu vida! ¡Joder! En ninguna de las dos se puede salir ileso. Ambas duelen como balas atravesando el pecho.

A pesar de lo difícil que se tornaba toda aquella situación, Bridget intentó buscar palabras que consolaran la vorágine de emociones que se desataban en su pequeña...

—Te contaré algo, —dijo acomodándose a su altura—. Cuando tu bisabuela estaba a punto de partir al cielo, yo lloraba y le rogaba que no me dejara. Le suplicaba de rodillas que me diera su mano para siempre, que tratara de mantenerse despierta. Le insistía que no se fuera, pero ella simplemente me abrazó. Me abrazó con fuerza e impotencia y aunque en ese momento no veía su rostro, podía sentir sus gotas saladas sobre mi hombro. Después de unos quince minutos —que para mí fueron pocos— se sentó sobre la camilla y comenzó a recitarme un poema de amor que había escrito tan solo unos días antes de emprender aquel nuevo viaje que, sin querer, se llevaría una parte de mi vida para siempre. ¿Te gustaría escucharlo?

No hubo respuestas, solo más llanto, pero eso no evitó que los versos le nacieran entre los labios quebradizos.

Soy consciente de que
mis palabras podrían doler,
que tal vez no son lo que quieres escuchar
pero cariño, no puedo entregarte
una promesa que no sé si podré cumplir
así que toma estos versos como un abrazo
que te recuerde siempre el camino a casa:

Cercami nei tuoi ricordi

Cuando sientas que me he ido
búscame en tu pecho,
búscame entre memorias
donde mis recuerdos
han hecho nido.

Búscame en cada uno de tus latidos
siempre he estado
y estaré justo a tu lado,
me veas o no, ahí estaré
abrazándote las heridas
y besando tu valentía.

Búscame, búscame entre
el canto de las aves y el sol
que se cruce a través de tu ventana,
búscame ahí, en medio de atardeceres
y el sonido de las olas.

Cierra tus ojos y búscame,
búscame dentro de ti
que allí estaré
cantándote una canción
como cuando eras una bebé.

Cierra tus ojos, olvídate del mundo
y siénteme en medio de la naturaleza
cuando la lluvia caiga y se asomen
los copos de nieve al otro lado de tu lumbrera.

Búscame
prometo que si lo haces
ahí estaré
jamás me marcharé.

—Han pasado ya cuarenta y dos años desde que no veo a mamá físicamente —Bridget se escuchó a sí misma con una calma similar a las que vienen previas a la tormenta—, pero ella sigue aquí. Tengo la certeza de que sigue aquí porque la puedo sentir abrazando mis heridas, secando mis lágrimas, siendo mi compañía. Tengo la convicción de que, así como mi mamá, tu papá tampoco nos dejará.

—Y yo sé que es difícil, sé que duele y que sería una falacia decir que no siento el alma hecha polvo entre mi pecho —si es que sigue ahí—, pero a pesar de eso la vida sigue y nosotras debemos continuar con ella. Es todo lo que nos queda; aceptar el dolor y abrazar las heridas, —expresó la abuelita con su voz quebrada mientras intentaba no fragmentarse más.

—*Nonna* tiene razón, mi niña, la mejor manera de recordar a quienes amamos, es volviendo inmortal el recuerdo de esa sonrisa o esos abrazos que tanto nos llenaban. Y no, no es fácil así que no voy a negarte que las heridas causadas por la muerte no se pueden evitar. Sin embargo, cariño, puedo decirte que mantener vivas las memorias es una manera de abrazar a quienes ya no están, es permitirles estar aquí a pesar de todo, —intervino su abuelo desde la profundidad de su corazón.

Zoe se acercó a su abuela aferrándose a su pecho y, con ternura, secó las lágrimas que fluían seguidamente de las suyas y las de Augusteen. Cuando logró encontrar la calma entre los abrazos de sus amados, tomó la mano de su Bridget y le hizo una promesa:

—*Non lo dimenticherò mai.* Jamás permitiré que las memorias se escapen de mi cabeza porque, así como tú, entre mis recuerdos lo buscaré, —hizo una pausa y continuó— gracias, *nonna,* por compartirme el poema que te escribió tu mamá. A pesar de que siento que estoy naufragando en esta tormenta, puedo decir que por ahora he encontrado al menos una milésima de consuelo en esas palabras…

Aferrándose cada vez más al calor de su pecho, no pudo evitar cerrar sus ojos de inocencia mientras pedía un deseo en alta voz.

—Le ruego a Dios que me permita vivir muchos años junto a ti, junto a mi abuelito Augusteen y junto a mi mamá. También le pido al cielo que papá jamás me olvide, que habite por siempre en mi pecho y en aquellos recuerdos que han hecho nido.

—No me dejen, por favor, ustedes son todo lo que tengo: *il mio vero amore,* —concluyó Zoe empapada de lágrimas. Cada una de esas sílabas habían salido de su interior.

In un vicolo buio?

L'ospedale

El reloj inmenso de una sala blanca, pero oscura marcaba casi las 14:00, hora en que la familia Winkler se presentó en el hospital civil de Venecia.

Dos señores mayores de cabellos blancos y piel muy arrugada se sentaron en la sala de espera junto a una niña preciosa de ojos verdes, cabello oscuro y tez blanca. Estaban ahí, tan juntos que respiraban el mismo aire asfixiante entre las paredes oscuras que desgarraban el alma y consumían en silencio los recuerdos.

La corriente de viento que fluía entre las puertas no era más que tormenta en la vida de aquellas personas tan rotas. Ninguno era capaz de abrir su boca, pues el polvo de su corazón había logrado que enmudecieran al compás del tiempo. Sin embargo, a pesar de la ausencia de sus palabras, sus rostros acababan delatándolos. No era necesario su léxico para saber que estaban completamente fragmentados.

Perdidos entre la desesperación y la tristeza que poco a poco inundaba el recinto, se quedaron en silencio por un par de minutos hasta que un señor de aspecto muy serio, apagado quizá por el tiempo, carraspeó antes de disparar su pregunta:

—¿Son los Winkler?

La familia, con la poca fuerza que les quedaba, retomaron su posición asintiendo con la cabeza, dando a conocer que para aquel momento las palabras se habían acabado.

—Bien —continuó el hombre—, mi nombre es Josué y soy el cirujano a cargo de Violette. Me gustaría hablar con ustedes; sin embargo, debido a la situación me gustaría hacerlo en privado.

A pesar de la rudeza que reflejaba su rostro, un rayito de empatía y compasión descendió de sus ojos hasta la pequeña Zoe. Podría casi jurar que en aquel instante todo su corazón se conmovió, ¿y cómo no? Si aquella niña lo miraba con la esperanza de que le dijera que era una pesadilla, que había llegado a despertarla o que al menos, en su manos tenía el poder de la magia, de cambiarlo todo en un segundo.

Al borde de las lágrimas, presionando sus labios con fuerza e intentando mantener su postura, aquel doctor le señaló un sitio donde jugar con una enfermera de piel morena. Él sabía, era completamente consciente de que jugar no cambiaría el dolor que ella sentía, pero ¿qué podría hacer? A pesar de las muchas veces que se había cruzado con aquella mirada, no había logrado descubrir la cura para las almas rotas así que les ofrecía una parte de su sala donde descargar, aunque fuera un poco, su dolor…

Winkler lo miraba con dureza, con rabia, con impotencia, lo miraba con un destello de súplica en sus ojos, pero a la misma vez con la agonía de una lágrima que rápidamente intentaba secar tan solo para no demostrar que la ausencia de su léxico la rompía.

Sus abuelos, conmovidos por la situación, la abrazaron animándola a acompañar a la chica que esperaba por ella con una triste sonrisa. Una vez que se decidió a ir, el médico retomó la conversación.

—No me atrevo a decir que la operación fue un éxito —Augusteen quiso convencerse de que las noticias no eran para ellos, que lo que hojeaba el doctor era un error y que estaría por remediarlo, por retractarse, pero no fue así—. Aunque lo intentamos y buscamos las mejores maneras, se encuentra en estado coma y, siendo honesto, no sabemos cuándo va a despertar, o si tan siquiera lo hará, —finalizó y, por primera vez, sin poder ocultarlo, su voz se fragmentó un poco entre su garganta.

Sintió una aflicción tan profunda; el peso completo de la tristeza sobre sus hombros mientras se cuestionaba por qué las malas noticias tenían que salir de sus labios después de haberse preparado toda su vida para ayudar a las demás personas. Y, aunque en todo momento fue consciente de que eso pasaría, aquella impotencia siempre le dolía en el lado izquierdo de su cuerpo, de su pecho.

Después de toda esa vorágine de sentimientos, hizo una pausa esperando alguna respuesta, alguna sílaba, algo, pero no hubo nada. Sus miradas se congelaron, su boca se tragó las palabras y su cuerpo no hacía más que colapsar.

A pesar de todo lo que este hombre sentía, por fuera parecía que era fácil para él, que el tiempo había endurecido su corazón, pero lo cierto es que siempre se rompía internamente ante esas situaciones. Para él también era difícil darlo todo y que aun así nada de eso fuera suficiente. Era devastador ver cómo sus noticias borraban el léxico y las altas o las pocas esperanzas de sus pacientes. No obstante, pese a toda la tormenta que se desataba dentro de él, tenía que mantenerse firme, ser la base sólida entre los huracanes.

—Lo siento, —susurró tan bajito que ni siquiera él fue capaz de reconocer si realmente esa frase había pasado de sus fríos labios—. Pueden pasar a verla.

Después de titubear entre el deseo de verla y el miedo de encontrarla en un estado lejano al de la última despedida decidieron entrar —casi a rastras— a la habitación. Esta era pequeña, de color celeste, con una antigua ventana que daba vistas a las alturas donde nacía el sol. Sin embargo, a pesar de los colores o del gran paisaje expuesto, el olor a llanto y a tristeza eran inevitables. Su aspecto no lograba esconder todas las historias que cobraban espacio allí.

Antes de cederle el paso a Zoe a la dimensión que le sacaría hasta las lágrimas más escondidas, habían hablado con ella sobre la apariencia de Violette. Le advirtieron sobre los moretones que recorrían su cuerpo, la falta de cabello a causa de la cirugía y sobre el brazo roto envuelto en yeso blanco que daba la sensación de causarle más daño. No obstante, a la niña eso no le importaba, todo lo que quería era verla, abrazarla, decirle que había llegado. Aunque lo cierto es que en el fondo sentía miedo, le aterraba encontrarla en un estado tan frágil.

A lo lejos estaba yo, como si fuera su sombra, mirando a la pequeña; contemplando cada uno de sus movimientos... Se paseaba de un lado a otro con sus piernas temblando, con la carga de la desesperación en su pecho. A pasos lentos se fue acercando a la puerta blanca y, una vez ahí, sintió que perdía el aliento. Tenía miedo y no sabía cómo detenerlo, intentaba levantar su mirada, pero todo era en vano, sentía que se iba a desmayar, que su presión subía y bajaba.

Quiso retroceder, sin embargo, las lágrimas no la dejaron. Intentó buscar a sus abuelos, pero sus ojos estaban nublados. Quiso llamarlos, mas su voz no estaba, la había abandonado. Ante tanta impotencia se apoyó entre los marcos de la entrada y sin poder contener más su llanto comenzó a llover.

¡Nunca había visto tanto dolor en un ser tan pequeño!

Augusteen y Bridget se acercaron y la abrazaron, pero Zoe no podía hacer más que llorar. Intentaba recuperar el aliento y su voz para explicar lo que sentía, mas no podía, entre más lo intentaba más se rompía.

Era verano; reitero, pero qué invierno tan fuerte era aquel que caía sobre los corazones de esa familia.

Pasó un largo tiempo hasta que la niña logró recobrar sus fuerzas entre los brazos de sus abuelos. Entonces, una vez sólida en sus pensamientos corrió hacia su mamá y, con delicadeza, le tomó la mano.

Una voz suave y el andar de las lágrimas cobró presencia:

—Ya llegué, mamá, aquí estoy.

Zoe intentó contener el llanto y guardarse toda la tristeza para después, sin embargo, le fue imposible. El estado en el que se encontraba su madre le carcomía el alma. Sus latidos se volvían frágiles, sus labios temblaban y el peso de sus gotas saladas se descargaban en la camilla que se encontraba Violette.

No era justo ni era fácil. ¡No! Nada de eso debería pasarle a una persona que ama a corazón abierto.

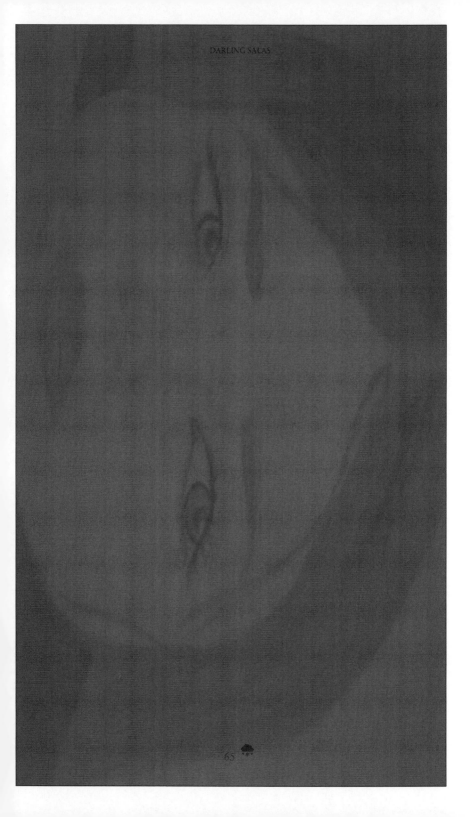

Zoe miraba a su mamá, contemplaba la sala, el equipo médico, la ventana, a sus abuelos y otra vez volvía a los párpados cerrados de una de las personas que más amaba, —joder, no podría caber más frío, amor y sufrimiento en esa habitación—. Cada recorrido de arriba abajo, de izquierda a derecha y, viceversa, inquietaba.

Había mucho dolor dentro de ella. El mundo entero pesaba sobre sus delgados hombros. Perdía el equilibrio. En su inocencia se cuestionaba *por qué* sin saber que todas aquellas preguntas sin respuestas no eran más que balas atravesando cada uno de sus latidos. La pequeña niña quería entender razones, —como si la vida fuera justa— pero entre más pensaba más se apagaba…

A pesar de las muchas heridas que se abrían en su pecho y sus muchos intentos fallidos de no romperse en el mar del llanto, Zoe comenzó a hablar como hablaría una niña de su edad: dejando fluir lo que sus ojos veían a través de lo que su alma sentía.

Ho bisogno di te qui

Hola, mamá,
la verdad no sé cómo empezar,
no sé cómo decirte lo que siento
sin que el dolor me salga en versos;
en frases pausadas que punzan mis sentimientos.

No tengo idea de cómo hablarte sin llorar,
no sé cómo demostrarte mi cariño sin caricias
si te ves tan frágil como un cristal,
no sé cómo acercarme a ti siendo fuerte
si reprimir mi deseo de abrazarte ya pesa lo suficiente.

No sé cómo detener mi océano
si estás tan diferente
y no, no me molesta la ausencia de tu cabello
—aunque cuando despiertes
sé que llorarás extrañándolo—,
lo que me duele, me molesta y me afecta
es esta distancia tan corta
que me atraviesa cada poro de mi cuerpo.

Me duele cada segundo en este reloj gigante
que marca los segundos,
los minutos y las horas
que llevo sin abrazarte,
sin darte un pequeño beso.

Me duele cada *tic tac*
que me priva de ver tus hermosos ojos
o tu brillante sonrisa,
—espero que siga igual,
que nunca se apague esa forma de amarme—
me afecta tanto dolor en esta sala
que me priva de escucharte.

Oh, amada mía,
dame una señal,
una palabra, un balbuceo,
o algo, ¡algo!
Dime de alguna manera
que sigues aquí
porque te necesito
ho bisogno di te qui...

Querida mía,
perdóname si mis palabras
te pesan en esta tarde
pero me duele tanta impotencia
me duele verte así
me duele el alma
me duele la vida
me dueles tú, papá, mis abuelos y yo
me duele este verano
me duele el corazón.

Abre tus ojos,
corre hacia mí,

despiértame,
aléjame de esta pesadilla
y dime que se acabó la hora de dormir
haz algo, algo, por favor
no me dejes así,
ven, abrázame, sálvame
antes de que mis latidos
se detengan aquí.

Querida,
despierta, abre tus ojos,
pestañea un segundo,
haz algo, algo, algo, por favor
que sin ti siento que muero
y perdóname si estoy siendo imprudente
no te quiero presionar
no te quiero lastimar
no te quiero exigir
solo quiero que esto se acabe
que vuelvas a ser la misma
¡que vuelvas!

Te pido disculpas por el mar
que estoy derramando sobre tu cama
no quisiera mojar tus sábanas
pero me pesan las lágrimas;
ya no me las puedo tragar.

Perdóname mi intensidad
o si mis palabras están de más

solo quiero que vuelvas,
que abras tu boca y que de ella
salga un *ti amo.*

Tómate tu tiempo, *mamma,*
que aquí estaré
no te dejaré de amar jamás,
seré tu apoyo,
tu lugar seguro,
la ayuda que necesites
y el amor más puro,
aquí estaré para ti
así como espero que tú lo estés
porque *ho bisogno di te qui,*
pero por favor, no tardes, te lo ruego…

Y sí, ya sé que cuando despiertes
extrañarás muchas cosas
sin embargo, te prometo que
contigo me quedaré;
así que no tengas miedo
porque aquí estaré.

Te amo y eso jamás cambiará,
solo no me dejes, por favor
porque te necesito aquí,
en la Tierra, junto a mí.

Después de darle paso a todas las palabras que atravesaban su pecho, Zoe se quedó dormida con su cabeza apoyada en la camilla mientras tomaba con delicadeza la mano de su madre. A pesar de la profundidad de su sueño, por instantes se podían escuchar sus profundos suspiros; aquellos que vienen después de haber llorado una tormenta, esos mismos que acompañan los temblores, la ansiedad… Esos sollozos que quedan después de la tempestad.

Aquella situación no solo era difícil para la pequeña niña, sino que también para los señores Winkler, quienes deseaban el despertar de Violette. Para ellos no era sencillo contener el dolor de ver a su pequeña nieta hecha añicos sobre la cama que contenía a su amada nuera. No, no era fácil sentir que lo estaban perdiendo todo al mismo tiempo.

El destino estaba siendo jodidamente injusto con esa pequeña familia. No les daba tiempo de procesar, de hablar, de organizar. No les regalaba minutos extras ni siquiera para secar sus heridas, para lavar la sal de su rostro antes de que otra ola golpeara con fuerza su corazón. *Lo poco que les quedaba del alma se fragmentaba con la compañía de cada tic-tac del antiguo reloj.*

Sus vidas estaban cambiando completamente y, aunque deseaban que solo fuera un mal sueño, no había nada, absolutamente nada que les dijera lo contrario. No había señales. No había enfermeras retractando las palabras del dolor. No había otra llamada ni un pellizco ni una broma ni…nada. ¡No había nada! Solo lágrimas, gritos, sollozos y dolor.

Los minutos pasaban y Zoe balbuceaba súplicas entre el tiempo debido a sus pesadillas. ¡¿Cómo podría descansar bien un ser al que ya no le caben heridas?! No había manera. Podía cerrar sus ojos, sí, dormir un poco tal vez, pero sus reacciones eran las mismas de una persona que intenta sobrellevar sus angustias.

Mientras todo eso ocurría, yo seguía ahí, viendo a lo lejos todo lo que estaba pasando con el deseo de abrazarla y decirle que todo estaría bien. Quería darle fuerzas, un poquito de aliento. Sin embargo, en el fondo sabía que no había palabras ni nada que reconfortara un alma que empezaba a perder todo lo que amaba...

Las agujas del reloj hacían lo suyo; adelantaban el tiempo mientras la familia caía a pedazos entre el blanco y el celeste de aquel hospital. Doctores y enfermeras cruzaban los pasillos, las recepcionistas hablaban entre ellas y algunas familias sonreían, otras lloraban. Algunos pacientes se quitaban la bata, dejaban las salas y otros ingresaban con la tragedia entre sus brazos.

Entre toda la gente que entraba y salía, un niño sin cabello y paseando en un silla de ruedas llamó mi atención. Pasó muy cerca de mí, tan cerca que sentí un escalofrío inmenso cuando en sus ojos y en sus ojeras pude leer todas sus noches en vela. Era un guerrero. Pude descifrarlo en su disfraz de sonrisa. No conocía su historia, pero si algo era claro era que había estado luchando.

Cuando se alejó volví a enfocarme en los colores "acogedores" del hospital. Parecía ilógico que un lugar tan sombrío luciera tan pacífico. Quizá intentaba ocultar lo que ya era bastante obvio; las grietas de dolor en sus columnas o quizá, quizá solo quería abrazar a las personas que se encontraban ahí pues esos eran los colores de la esperanza…

El tiempo corría y yo seguía analizando cada esquina de esa triste arquitectura cuando de repente Zoe despertó. Al principio no dijo nada. Solo miró a su mamá con sus ojos cargados de tristeza y, rompiendo en llanto, se animó a abrir su boca:

—¿Cuánto acabará todo esto? —Les preguntó a sus abuelos.

—¿Hay una manera de devolver el tiempo? ¿Ustedes también están soñando? ¿Podrían confirmarme que esto es una pesadilla? ¿Podrían despertarme? —Hizo una pausa y continuó—. No puedo aceptar nada de esto. Simplemente no puedo creer que sea verdad.

—Lo siento, —respondieron al unísono.

—No sabía que la vida podía cambiar en cualquier momento, no sabía que sería la última vez, no sabía que aquel día le daría un último beso a papá o que aquella iba a ser nuestra última llamada. No sabía, de verdad no sabía que la vida podía ser tan cruel, —con sus manos se cubrió el rostro tratando de ocultar las cascadas de sufrimiento que bajaban desde lo más profundo de su ser— si lo hubiera sabido no hubiera cortado la llamada, les habría dicho que no se fueran o que por lo menos no salieran ese día. De haberlo sabido…todo habría sido tan diferente, —terminó de decir con su voz entrecortada y sus manos aún sobre su rostro.

—Créeme, *la mia bambina,* si lo hubiéramos sabido, nosotros también le habríamos pedido que no salieran. Les hubiéramos advertido, pero ¿cómo íbamos a saberlo? ¡No había manera! Nosotros también quisiéramos que nada de esto fuera real. Nosotros también deseamos cerrar los ojos y despertar con una realidad distinta a esta, pero no es posible —dijo Bridget entre lágrimas.

—Sabemos que no es fácil, mi pequeña. Entendemos cómo te sientes; nosotros también lo estamos viviendo, —comentó el abuelo encogiéndose de hombros— sabemos cuánto dolor, rabia e impotencia tienes por dentro. Y créenos, si pudiéramos haríamos una máquina del tiempo, volveríamos atrás; donde las heridas no estaban abiertas y nuestra familia estaba completa, pero...no podemos.

—Lo sé, lo sé, —dijo Zoe abrazándolos— es solo que ya no sé qué hacer con tanto dolor. No sé cómo enfrentarme a algo para lo que nunca estuve preparada. No sé cómo ser fuerte si en cada lágrima siento que dejo una parte de mi alma y sí, lo sé, sé que llorar no es sinónimo de debilidad, pero lo cierto es que por dentro me siento débil, frágil, derrotada. No encuentro una fortaleza que logre detener todo el mar que sin querer descargo.

—Te entendemos, querida, y sí, sé que no es fácil y que las palabras en estos momentos no son consuelos, que intentar abrazar el alma con sílabas puede doler más, pero cariño, aunque no lo creas, eres fuerte. Eres una niña valiente. Esto no es fácil. Sin embargo, aquí estamos, siempre para ti, en cada paso, en cada momento. Si necesitas llorar, hazlo, no te reprimas nada. Libera tu alma, lo necesitarás.

—Bien es cierto que la vida puede cambiar en segundos, en un instante, pero Zoe, pequeña Zoe, tu mamá sigue aquí, ella te necesita y, aunque tengas dudas, tu papá también sigue aquí; a su manera cuidará tus pasos.

—Entendemos que quieras devolver el tiempo, pues nosotros también quisiéramos hacerlo. Sin embargo, no podemos, es algo que no está en nuestras manos. No obstante, querida, tenemos los instantes, las risas, los abrazos que quedaron impregnados en el alma, los "*te amo*" que se grabaron en el corazón para toda la eternidad. Además tenemos la certeza de que disfrutamos y aprovechamos hasta el último minuto. Y sí, sabemos que habríamos preferido una eternidad diferente, pero, *amore*, la tenemos aquí; en medio de las memorias, de los recuerdos que han hecho nido dentro de nosotros para apaciguar el dolor y tener siempre presentes a quienes amamos y nos amaron.

—Pero tengo miedo, *nonna*, —intervino Zoe con una sonrisa rota—. Tengo miedo de romperme en cualquier momento, de comenzar de nuevo, de llegar a olvidar mis memorias, de no ser lo suficientemente fuerte. Tengo miedo de no poder encontrar a papá en las historias que vivimos o que él me olvide... Me aterra pensar en que mamá aún no despierta. Tengo miedo de perder lo que tengo.

—El miedo es normal. No es fácil empezar de nuevo. Sin embargo, tú eres fuerte. Sé que aunque la carga pese demasiado tú siempre podrás salir adelante y sí, quizá algún día caigas sobre tus rodillas y sientas que no puedes más, pero aun en medio de tanta oscuridad sé que encontrarás la salida. Solo debes tomar una pausa, darles un lugar a los sentimientos para que después les permitas sacar todo lo que llevas dentro. También debes ser positiva a veces, pero sobre todo creer en ti misma y tener la certeza de que a pesar de todo volverás a estar bien.

—Siempre has sido una niña valiente. No dejes que los miedos te arrebaten la esperanza, —Bridget hizo una pausa y continuó— créeme, los amores de verdad jamás se olvidan. El amor tuyo, el de tu papá y el de tu mamá es algo que permanece para toda la eternidad así que no tengas miedo. Las memorias de quienes amas, no se van, permanecen siempre contigo, en un ladito de tu pecho...

—Solo ten paciencia. Deja que el tiempo haga de las suyas, —terminó.

A pesar de todo lo negativo y doloroso que estaban viviendo lograron encontrar un pequeño consuelo en aquellas palabras, al menos por un momento...

Las horas pasaban lentas, sin embargo, la noche apenas empezaba para los Winkler, quienes debían continuar con todo el proceso para darle un funeral digno a su hijo. Cada minuto tenía un olor a eternidad mientras dolía.

No era fácil caminar de un lugar a otro para llenar documentos. No, no era sencillo buscar flores, regresar a la casa llena de sombras de Violette y Michael tan solo para buscar el último traje que usaría él. No, era difícil volver a ese hogar incompleto. Era devastador llegar con una bolsa cargada con sus últimas horas y empacar lo que sería el final...

Llegada la hora de velar a Michael, una grieta más grande crecía entre las paredes y la familia Winkler. De repente la sala se había llenado de fotos, recuerdos y de personas, pero todas permanecieron en silencio por unos minutos. En algunas ocasiones se escuchaba un pésame que, por más largo y sincero que fuera, no lograba apaciguar el dolor que llenaba aquel lugar.

No había manera. El sentimiento de tragedia y tristeza inundaba y reinaba en cada rincón. La gente quería entender mientras que los abuelos y Zoe querían regresar atrás, a antes del dolor.

Las lágrimas bajaban al compás del reloj que descontaba los segundos que quedaban. Todos vestidos de negro; amigos y familiares lloraban sin ningún consuelo. Los abrazos no eran suficientes. Las palabras estaban de más y las memorias se fragmentaban sin piedad...

Zoe, por su parte, no se apartaba del ataúd, no dejaba de abrazar la caja en la que yacía su padre, así como tampoco dejaba de murmurar lo que sentía su alma rota.

Prometto di cercarti

Hola, papá,
no sé si desde ahí puedes reconocer mi voz
o si al morir los recuerdos se van
y todo queda vacío,
no sé si me reconoces
o si tan siquiera logras escucharme,
no lo sé, no sé cómo funciona esto
de decir adiós sin sentir que me derrumbo,
no sé cómo es esto de que te has ido
a otro lugar…

Perdóname
pero todo lo que sé de la muerte
es que me priva de abrazarte
porque estás y a la vez no.

¡Oh, papá! —Exclamó con dolor—,
me enseñaste a leer,
a sumar, a multiplicar,
a decir «papá y mamá»,
me enseñaste a caminar y a cantar,
a bailar y a jugar
pero jamás me hablaste sobre la muerte
y lo que ella conlleva.

No me dijiste que un «*a presto*»

puede convertirse en un «*addio*»,
tampoco me enseñaste a buscarte en el cielo,
a contar las estrellas para saber
en cuál de ellas estarás,
no me mostraste la constelación
en la que guardarías mi lugar,
no...tú no me enseñaste nada de eso
y quiero pensar que fue
porque jamás pensaste irte de aquí,
de mamá, de mis abuelos, de mí...

Y no, no quiero que pienses que es un reclamo,
es solo que tengo miedo, papá,
de no poder encontrarte en el más allá,
tengo miedo de olvidar
el calor de tus brazos
y el sonido de tu risa,
tus pasos en el vals
o tu aroma favorito.

Tengo miedo de que te olvides de mí,
de no poder escuchar tu «*ti amo*»
entre la brisa cuando sienta miedo,
cuando tenga frío.

C*aro papà*,
prométeme que no me olvidarás
y que en la estrella más brillante estarás,
dime en medio de tu silencio
que mi abuelita dice la verdad,

que podré sentirte entre la naturaleza,
prométeme —aun sin palabras— que así será,
que no me dejarás, que no me dejarás…

Yo te prometo buscarte en mis sueños
entre aquellas tazas de té
y en nuestros muñecos de nieve
aquellos que empapan mis memorias de ti.

También prometo que te buscaré,
que cuidaré de mamá,
así que cuídame bien, papá,
y no me olvides,
por favor,
porque siempre acabo necesitando
un poco más de ti…

Te amo con la misma esencia
del día en que te conocí
y con todo el peso de estos años;
a corazón abierto y amor eterno.
Te amo…

Al siguiente día, así como en el velorio, Zoe no podía dejar de mirar a su padre en su funeral. Pálido, frío, tan distinto al último día en que se abrazaron, tan diferente a cómo lo recordaba —no importaban las horas que llevara mirándolo, él no volvería a ser el mismo, ese no era el recuerdo nítido que ella guardaba de él—. Esa escena le dolía tanto que solo quería escapar, cerrar sus ojos y con ello desaparecer la realidad que le cortaba la respiración. Lo intentó una y otra vez, pero no había manera, todo aquello era demasiado.

Y, aun si hubiera encontrado la fortaleza o la cobardía en sus pasos para correr, jamás hubiera abandonado el poco tiempo que le quedaba con su amado. No habría sido capaz de levantar una bandera blanca y despedir los últimos minutos que le quedaban ahí; donde el adiós se congela y duele en cada inhalación. No, nunca habría dicho *adiós* sin antes decir lo que sentía.

—Hola, *papà*. No sé si me escuchas, pero necesito hablar porque siento que me ahogo entre tantos sentimientos y porque jamás imaginé que nuestro reencuentro sería así, —una lágrima cayó con el peso del mar sobre sus mejillas mientras se acercaba más al ataúd— en esta sala. Tú vistiendo tu último traje mientras yo visto de negro.

—Jamás llegué a pensar que sería aquí donde te leería la historia que te prometí en nuestra última llamada, —sacó un pañuelo y secó el océano de su rostro— no sabía que estaríamos aquí. Tú en esa caja acolchonada y yo afuera entre toallas y lágrimas; tratando de ser fuerte mientras me preparo para la despedida que me dolerá el resto de mi vida, —continúo sin quitar su mirada del rostro de su padre.

—Oh, *papà*, no sabes cuánto deseo que abras tus ojos y en voz alta o en un susurro me repitas uno de tus *"te amo, mi Zoe"*. No tienes idea de cuánto quisiera escuchar tu voz al menos una vez más, —la tormenta se desataba en cada una de sus palabras— verte sonreír, bailar, reír...

—Quisiera que no fuera tarde, pero el abuelo me ha dicho que llegó tu hora, que te tienes que marchar. Es por lo que con un beso y el «*te amo*» más sincero me comienzo a despedir de ti. Sin embargo, quiero aclarar que no es porque quiero, jamás querría decirte adiós. En realidad me habría encantado llegar a tiempo, perder el miedo hace años y poder recitarte todos los cuentos, pero creo que te he fallado. Mi timidez me privó de hacerlo antes. Perdóname, no era mi intención hacerlo esta noche con tu silencio invadiendo la sala.

—Perdóname si se me quiebra la voz y ya no me salen las palabras, estar aquí no es fácil, —dijo con el corazón entre sus manos, tratando de recoger los pedazos que se caían al compás de sus lágrimas.

—Perdóname, —repitió con su voz rota— no sé cómo hacer esto sin sentir que pierdo una parte de mi vida, —confesó y después de secar el rastro salado de sus heridas abrió un libro y le recitó el cuento que cada noche él le leía cuando no podía dormir.

Desechos en llanto estaban todos al oír a la pequeña niña. Cada palabra se volvía una puñalada de empatía, de tristeza, de uno y mil sentimientos que no se podían describir. Las miradas perdían el brillo y todos parecían haber aumentado cuatro años en dos días. Era realmente espeluznante, desgarrador. Había tanto por procesar, por hacer, pero nada que decir; todo parecía una tormenta de nieve, una eterna agonía.

Sin embargo, los Winkler eran conscientes de que por más que les doliera, debían continuar fuertes por Zoe y por Violette, quien luchaba a toda costa en el hospital intentando sobrevivir. Sabían que, por más que se les hundiera el corazón entre el pecho y los latidos perdieran su ritmo, debían estar para la pequeña.

Por las noches, cuando Zoe al fin se dormía, Augusteen y Bridget lloraban amargamente. Los momentos se transformaban en brevedad, pero no los dejaban pasar porque a pesar de su disfraz de firmeza ante su amada nieta, la verdad que se asomaba al deambular por el fondo es que ellos también se estaban apagando, muriendo emocionalmente.

Las personas que los conocían, les decían una y otra vez que el tiempo se encargaría de sanar las heridas, pero la familia Winkler se sentía más devastada, más herida. Zoe, por otra parte, había creado un hogar de esperanza para encontrarse con su padre. Sin embargo, cada vez que veía una estrella fugaz, deseaba devolver el tiempo para estar con sus padres de nuevo.

La pequeña se aferraba al cielo. Lo contemplaba cada noche a través de la ventana mientras estaba sentada a la orilla de la cama y, entre lágrimas y sonrisas apagadas, les hablaba a la luna y a las estrellas:

Nonostante la distanza ti sento qui

Hola, papá,
sé que llevo varios días sin hablarte
y es que he querido darte tu espacio
pero lo siento,
ya no puedo más
hoy he vuelto a extrañarte
con más intensidad.

Para ser honesta siempre te extraño,
a pesar de que cada noche
en medio de mis sueños
y las constelaciones te vuelvo a buscar
—con la esperanza de encontrarte en el más allá—
es imposible no echarte de menos
en medio de toda esta soledad.

Me consume el silencio,
el frío de la ausencia de tus brazos
me quiere apagar
ya no sé si puedo más
y es irónico, lo sé,
es realmente irónico extrañarte
cuando una parte mía
sigue sintiéndote aquí

cerca de mí.

Papá, quiero pensar que estás ahí
—sé que estás ahí—
junto a tu abuelita en algún lugar
y, aunque en el alma me duele admitirlo
tan solo porque no estás a un ladito de mi cama
—sigo guardando tu lado favorito para ti
por si algún día despierto y vuelves aquí—
al menos sé que no estás solo,
que tienes una dulce compañía,
un ser que te entregará todo el amor
que no alcancé a darte…

Habría amado que te alcanzaran los años
para crecer en tu regazo,
para despertar un día sobre tu pecho
con el rostro de una adolescente
o tan solo para caminar de tu brazo
el día de mi noche de graduación,
oh, papá, habría deseado que me alcanzara el tiempo
para darte todo el amor que me quedó aquí
en el lado izquierdo de mi pecho.

Ahora que ha pasado el tiempo
no puedo entregarte mi cariño
de otra forma que no sea en versos
mientras miro a través de una ventana
deseando verte por ahí
en una luciérnaga, en el brillo de la noche.

Ahora que el tiempo ha pasado
sé que estás aquí, que siempre lo has estado,
lo sé porque algo dentro de mí te puede sentir aquí
muy cerca de mí
aunque debo admitir
que en las noches de soledad
la luna y las estrellas son mi compañía
sin embargo, debo aclarar que no ocupan tu lugar,
nada, aquí nada ocupa tu lugar
ni la noche más brillante
ni la luna más grande,
nada, aquí nada ocupa tu lugar.

Caro papà, ojalá estuvieras aquí,
abrazándome hasta el amanecer
porque la verdad es que te extraño
más allá de lo que mis palabras puedan expresar.

Te extraño mucho, papá,
ya ni siquiera sé si mamá va a despertar,
han pasado ya veinticuatro días
y aún no abre sus preciosos y grandes ojos.
¿Crees que lo hará?
Y si lo hiciera,
¿crees que me recordará?
Y si pregunta por ti, ¿qué le diré?

Mañana debo volver a clases,
¿crees que lo lograré?
¿Podré ver a otros abrazando

a su padre o a su madre
mientras yo sola espero el metro?
No lo sé, pero presiento
que el corazón se me partirá en cien.

Ojalá supiera qué hacer,
ojalá estuvieras aquí
porque esto es demasiado para mí.

Perdóname por llegar hasta aquí
es solo que te amo y te extraño…

Buenas noches, papá,
ya te contaré.

Ogni Alba

A pesar de las tardes y noches de tormenta que estaban viviendo la familia Winkler, el lunes llegó con prisa. La vida continuaba. Las vacaciones habían finalizado y Zoe debía volver a clases para continuar con su curso lectivo.

—No quiero ir a la escuela, *nonna.*

—Lo sé, mi niña, pero tienes que ir, —respondió su abuela con suave voz.

—Pero tengo miedo. Mucho miedo. Siento que me voy a romper, que veré algo que me dolerá, —hizo una pausa y continuó—. Me asusta volver sin mamá y sin papá. Me da miedo el vacío que voy a experimentar. ¡Sé que algo va a dolerme!

Bridget sintió un enorme vacío, una punzada en el corazón al pensar en todo lo que podía llegar a sentir su amada nieta. Quería decirle que se quedara, pero por más que quisiera sabía que la vida continuaba, que a pesar del dolor Zoe debía volver a la escuela.

—Sé cómo te sientes, mi pequeña, sé que no es fácil y entiendo tus miedos, pero no puedes quedarte aquí. Encerrarse o aislarse por mucho tiempo puede ser peor.

—No quiero llorar, no quiero romperme frente a los demás ni quiero verme débil, frágil, ser la lástima de alguien más.

—Llorar no te hace débil, mi Zoe. Está bien sentirse frágil a veces y querer llorar un mar. Es parte de la vida. Además, nadie tiene derecho a juzgar unas lágrimas si no saben cuál es el peso del dolor y, aun si lo supieran, nadie tiene derecho de poner en una balanza los sentimientos de los demás. Así que tranquila, te aseguro que todo estará bien —a su tiempo—. No puedo prometerte que no llorarás o que no vas a experimentar dolorosos sentimientos, pero sí puedo asegurarte que estaré para ti, siempre que me necesites estaré aquí.

—Eres una niña muy fuerte incluso cuando el peso salado que atraviesa tus ojos no te deja dormir.

—¿En serio lo crees? —Preguntó Zoe con su sonrisa un poco rota.

—Estoy completamente segura.

—Te amo, *nonna*, —dijo Zoe después de darle un beso en la mejilla—. Gracias por estar para mí.

—También te amo, mi niña.

Aquella conversación terminó en un fuerte abrazo. Entonces Zoe comprendió el valor que tenía aferrarse a los brazos de alguien que te ama, te cuida y está para ti. Abrazar se convertía en un pequeño acto que conlleva al proceso de sanación. Era una manera de sentirse cerca, de hacer que las heridas se cerraran, aunque fuera un poco.

Augusteen y Bridget fueron a dejarla a la escuela, no querían que se sintiera sola. Sin embargo, el trayecto se hacía largo debido al silencio que con prisa los atrapaba. Parecía que se les cortaba la respiración y que en cada metro recorrido se quedaban las palabras. Realmente fue un recorrido doloroso.

Cuando llegaron al portón, Zoe se aferró a sus brazos y, con sus pies temblando, les pidió que se quedaran hasta que ella entrara a la escuela.

—Claro, querida, aquí estaremos.

Los señores Winkler, desde el otro lado, vieron a la pequeña niña de campera roja y zapatillas de muñeca, atravesar los pasillos con mucha nostalgia. Por ratos parecía que se le olvidaba caminar, se quedaba en medio de la nada, viendo a los padres abrazar a sus hijos tal y como lo hacía su papá. Minutos después, cuando se percataba de lo que hacía, se limpiaba el rastro de sus lágrimas y seguía caminando, cada vez más torpe, más dolida.

—¡Zoe! —Gritó una pequeña de ojos marrones con cabellos rubios rizados.

Era su mejor amiga; Emily Baeri, quien la esperaba con una grande, pero empática sonrisa en la puerta del salón. En cuanto la vio corrió hacia la pequeña Winkler y la abrazó con fuerza mientras compartían una mirada de tristeza.

—Lo siento mucho, Zoe, —dijo Emily con la nostalgia en su voz.

Zoe se limitó a sonreír mientras un par de lágrimas bajaban por sus mejillas.

—Me alegra verte de nuevo —contestó con un susurro casi inaudible.

Emily le devolvió la sonrisa y, animosamente, exclamó:

—¡Vamos! Giulio nos está esperando.

Giulio Mancini era su mejor amigo. La había abrazado durante el funeral de su padre, haciéndole entender que a pesar de tener nueve años estaría ahí para comprenderla siempre.

Cuando Zoe lo vio recordó haber recostado su agotada frente sobre sus cabellos castaños, que destacaban junto con su tez morenita y ojos claros. Él había estado para ella en todo momento. Su mejor amigo, su hermano, su bastón, su apoyo...

El pequeño y dulce Giulio la estaba esperando con los brazos abiertos y una sonrisa coqueta que la hacía sentir viva otra vez. Aunque fuera por instantes él siempre encontraba la manera de hacerla sentir bien.

Los días en la escuela se hacían eternos. Su vida se había convertido en una triste rutina entre la escuela y aquella gélida sala del hospital donde habían trasladado a su mamá. Y, por si fuera poco, los abuelos ya no podían llevarla a la clase, pues Violette los necesitaba.

Zoe detestaba viajar en el metro, pero no quería ser una carga para Augusteen y Bridget, así que en silencio aceptaba y aprovechaba el trayecto para escribir poemas en las últimas páginas de su libreta.

Miraba a través de la ventana, imaginaba, y también escribía.

Quando sorge il sole sto già pensando a te

Me gusta pensar
que en cada amanecer
salen las aves
elevan su melodía hacia el cielo
y cantan para ti
llevándote el amanecer.

Papá, supongo que desde el cielo
todo es más bonito,
pero si por alguna razón
no se ven colores,
hoy este luce amarillo
me recuerda al color de los girasoles
que me regalaste en mi cumpleaños número siete.

Hoy estoy aquí; en el metro
sentada en el último asiento,
hace un poco de frío
debe ser porque llevo la ventana abierta
y esto va a gran velocidad,
pero no me importa,
el frío es lo de menos
porque están saliendo los primeros rayos de sol
y puedo sentir el aroma de las flores
podría decir que tienen el mismo tacto
que tus suaves y cariñosos brazos.

Oh, papá, estás acá,
tal y como lo dijo la abuela,
te puedo sentir en medio de la brisa,
del amanecer y los colores,
estás aquí, quizá en mi pluma,
en mi libreta o tal vez en mi cabeza,
no lo sé, pero te puedo sentir cerca de mí
y eso me reconforta
porque la escuela sin ti y sin mamá
ha sido realmente difícil.

Aunque intento mantenerme firme
los profesores me ven con lástima
y eso me entristece.
¿Ellos no saben que estás aquí,
cuidándome desde el cielo?
¿Verdad que sí lo estás?

Ojalá pudiera escuchar
tu voz una vez más
porque no te mentiré;
te extraño cada vez más…

Entre versos y letras, la pequeña Zoe se mantenía al margen. Escribir la hacía sentir acompañada. Era como si sus palabras viajaran hasta el firmamento y su padre las leyera. Las letras le daban paz y tranquilidad, aunque más de una vez llenara las páginas con llanto.

Para la niña Winkler Hussein, no había nada más puro que la voz del alma plasmada en tinta y papel. Era su manera de sacar todo lo que sus labios no le permitían. Era su refugio, su lugar seguro. Ahí no importaba lo que escribiera, ni el largo de sus versos ni la extensión de sus textos. Era libre de tomar su pluma y dejar que fluyera sin cuidar mucho sus palabras.

Después de la escuela Zoe se dirigía a la casa de sus abuelos, donde vivía temporalmente.

Algunos días llegaba sin ánimos. Era como si no quisiera ver a nadie. Entraba casi a rastras y, con dificultad saludaba, pero otros veces corría hacia los brazos de sus amorosos abuelos y con un «*te amo*» les robaba una sonrisa sincera.

Sin embargo, ninguna sonrisa perduraba mucho en los recuerdos vacíos de esa casa. Todas terminaban esfumándose cuando se cruzaban con una fotografía o llegaba la hora de alistarse para visitar a Violette en el hospital.

Ahí nada era bonito, ni siquiera los colores lograban amenizar el lugar. No, en esa sala todo era gris, lamento; el valle de las sonrisas secas. Se podría decir que esa habitación contenía más agua que el océano, más historias que un bar en primavera, y más poemas que un libro dedicado a la poesía, pero tristemente ninguna sonrisa duradera.

A los minutos de entrar y recorrer con la delicadeza de sus dedos el brazo quebrado de Violette, Zoe, le recitaba todas las cartas que le había escrito. Abría su corazón y le expresaba todo lo que sentía.

No obstante, había momentos en que las palabras ya no salían, así sin querer se limitaba a sollozar. Se tragaba el llanto… Al menos lo intentaba. Pero entonces un día pasaba; su léxico evolucionaba y ella volvía más fuerte.

—Despierta, mamá —suplicaba a la vez que se sentaba en la silla que estaba junto a la camilla—. Te extraño. Necesito ver tus ojos una vez más, necesito saber que sigues aquí, quiero saber si me escuchas, quiero verte sonreír, quiero sentir una de tus caricias, un abrazo, una mirada tuya sobre mí, algo…

—Dime que sigues aquí, quiero escucharte a ti, no a esta máquina. Quiero, necesito… Te extraño, mamá, te extraño demasiado, más de lo que podrías imaginar. Regresa, mamá. Despierta ya, por favor.

Mientras hablaba en medio de súplicas, un poema nació en su alma y se extendió hasta sus labios, dándole voz a lo que sentía.

Sveglia, mamma

Despierta, mamá,
he traído flores con olor a primavera
y una tarjeta con la infinitud de mis besos.

Despierta, por favor,
que la vida sin tus risas
y tus regaños
no es igual.

Despierta,
tenemos que hablar,
abre tus ojos
no me mires si no quieres
pero dame una señal
que demuestre que todo mejorará.

Abre tu boca,
no te pido mil palabras
ni siquiera una sonrisa completa
solo quiero un movimiento,
quiero saber si me escuchas en verdad.

Despierta, mamá,
sé que es difícil para ti
pero mi vida se apaga si no estás aquí
de la manera en que la que quisiera

que estuvieras.

Despierta,
abre tus ojos que aquí estaré
con mis brazos abiertos
y un ramo de rosas
como las que te llevaba papá.

Despierta, mi querida Violette,
que ya no puedo más,
mueve un dedo como señal
de que me escuchas,
abre tus ojos,
pestañea un segundo
y hazme sentir que sigues
junto a mí.

No quiero que te vayas,
te quiero aquí,
como antes,
así que despierta, mamá,
recuerda que aquí está tu hogar;
que tú eres mi hogar.

Durante cada noche Zoe le hablaba a Violette entre balbuceos y sollozos con la esperanza de que volviera a despertar, pero el tiempo pasaba y no había señal. Aun así, la pequeña se aferraba a las palabras del doctor «*te puede escuchar*». Esa frase se había convertido en su esperanza, entonces intentaba ser fuerte para ella. No obstante, nada de eso era fácil. Ya había pasado más de un mes y su mamá no hacía ningún movimiento, nada.

¿Cómo no iba a llorar? Parecía que hablaba con las sombras de los recuerdos que amenazaban con algún día desaparecer. Ella quería entender, quería tener una señal, algo más que una simple esperanza que parecía esfumarse en cada segundo.

«*Ten paciencia. El tiempo será tu mejor aliado*», le decían. Sin embargo, eran los mismos segundos sobre aquel reloj los que la fragmentaban cada vez más. Era el peso de los minutos sobre las agujas los que le iban borrando la esperanza, el deseo de continuar.

Cuando se aproximaba el final de la hora de visita, Zoe se negaba a dejar sola a Violette, así que Augusteen y Bridget se turnaban para quedarse con ella hasta el amanecer. De esta manera la pequeña se podía ir a dormir un poco más tranquila.

Sin embargo, era realmente agotador para todos. No era fácil amanecer ahí sin ninguna esperanza y tampoco era sencillo irse a dormir sin tener la certeza de lo que pasaría al siguiente día. Sus mentes estaban cansadas. La situación les rompía el corazón, comenzaban a perder el control. Era demasiado. Sus vidas habían cambiado y nada parecía estar a su favor...

Zoe sonreía frente a sus abuelos, pero en el metro, en esa sala y en el cementerio, lloraba. Ahogaba sus gritos en una almohada y miraba hacia el cielo preguntándose por qué la vida era tan cruel.

Augusteen había perdido peso, sus ojos verdes eran adornados por grandes ojeras, su brillo solo aparecía cuando iba a llorar o cuando la pequeña Zoe le decía que lo amaba.

En cuanto a Bridget, parecía ser la más fuerte. Siempre mostraba su mejor rostro, pero en la ducha sollozaba clamándole a Dios por paz, por la salud de Violette y, sobre todo, por la pequeña niña, quien en pocos días cumpliría sus nueve años...

Se te ne vai, la mia vita si spezzerà

Llegó el 23 de agosto, el noveno cumpleaños de Zoe. La pequeña niña no tenía ganas de celebrarlo, pero sus mejores amigos; Emily y Giulio, llegaron con una torta de chocolate adornada con fresas y un par de cerezas. Sabían que esa era su debilidad, así que entraron por la cocina cantándole «*buon compleanno*» a todo pulmón. Cuando bajó de su habitación, se acercaron y la abrazaron.

Por unas horas Zoe se olvidó de sus penas y disfrutó de su día, jugó con los chicos, y rio como hacía días ya no lo hacía. Al final, la vida no parecía tan mala. El estar rodeada de buenos amigos y personas que la amaban, la reconfortaban. Le daban rayitos de luz y esperanza. Eran sus baterías, la energía que necesitaba.

Sin embargo, en el fondo nada de eso la llenaba completamente —como si fuera posible volver a estar completo después de perder a la persona que se ama—. Zoe deseaba que sus padres estuvieran ahí, los extrañaba, quería un cumpleaños normal. Quería que el deseo que pidió al cerrar sus ojos se hiciera realidad; que sus padres volvieran...

Al caer la noche, sus dos amigos se fueron, entonces Zoe y sus abuelos fueron al hospital para visitar a Violette. Durante el camino la pequeña iba hablando, se escuchaba plena y feliz, aunque lo cierto es que por dentro los cristales rotos seguían cortándola sin dejar huellas del crimen.

Winkler comenzó a agradecerles a Augusteen y a Bridget por cuidar de ella...

—Gracias por cuidar de mí, por ser tan cariñosos conmigo a pesar de todo el dolor que sé que ustedes también sienten. Gracias por no dejarme sola, por hacer de este día algo especial, —dijo al bajarse del vehículo.

Al llegar a la habitación, un médico los esperaba en la puerta y, con cordialidad, le pidió a Zoe que se quedara junto a su mamá mientras con señas les pidió a sus abuelos que lo acompañaran a fuera. En ese instante Augusteen y Bridget sintieron terror.

—¿Está todo bien? —Preguntaron al unísono.

—Lo sentimos mucho, —respondió el médico intentando no fijarse en las expresiones devastadas de los dos ancianos— pero ya casi han pasado dos meses y la paciente no logra respirar por sí misma. Depende de un respirador artificial, lo que sigue alargando lo que ya es inevitable, —dijo el doctor.

—¡Pero sigue viva! Ella sigue respirando, sigue aquí. Nos dijeron que ella podía escucharnos, eso significa que su cerebro sigue vivo, entonces ¿cómo nos dice ahora que esa máquina solo alarga lo inevitable? —Preguntó Bridget con sus ojos cargados de dolor.

—Lo sentimos mucho, señora. Creímos que si la dejábamos conectada en algún momento volvería. Creímos que iba a responder, que eso la ayudaría.

—Dijeron que harían todo lo que fuera posible y ahora nos piden desconectarla. A eso se debe esta conversación, ¿no es así?

—Hemos hecho todo lo que está a nuestro alcance. Sin embargo, el tiempo ha pasado y no hay resultados. Sé que es difícil, pero mantenerla así podría alargar su dolor.

—No entiendo. No logro comprender cómo es que en todo este tiempo nada se ha solucionado. ¿Cómo le vamos a decir a una niña que recién cumple nueve años que todo se está acabando? ¿Cómo le decimos que hay que darle un final a su única esperanza? —Intervino la abuela.

—Sé que es difícil, no quisiera decirles eso porque de verdad lo siento mucho, pero ya no podemos hacer nada. En el caso de ella estos meses ya han sido mucho tiempo y cada día que pasa podría generarle más daños, así que solo podemos darle una semana más, pero aun así, si no hay señal ni ninguna reacción, la tendremos que desconectar para ver si logra respirar por sí misma.

—Gracias, —contestó Augusteen.

Mientras tanto, Zoe estando en la habitación no se percataba de todo lo que estaba pasando afuera. Ella estaba en su mundo. Hablándole a su madre con la esperanza de que la estuviera escuchando. Se quedaba sentada junto a ella y como todas las noches le dejaba una nota y, en voz baja antes de marcharse, se la recitaba.

Come fanno male i silenzi!

Hola, mamá,
no sé si lo sabes,
si tienes noción del tiempo
o si al menos lo recuerdas
pero hoy estoy cumpliendo nueve años.

Para ser sincera
no quería celebrarlo
porque sin ti
—y sin papá—
no es lo mismo.

Sin embargo
debo confesar que
Emily y Giulio han ido a casa con una torta
y me han cantado «*feliz cumpleaños*»
y la verdad es que volví a reír
y por un momento olvidé el peso de mis cargas.

Espero que no te sientas triste
por haberlo celebrado sin ti
pero es que me resultó inevitable
no sentirme feliz.
¿Está mal sonreír
cuando tú estás aquí?

Si es así te pido perdón
pero es que después de tantos días
hoy me hicieron reír
hoy no tuve que fingir,
no obstante, mamá,
debo confesar que en el fondo
deseaba tu compañía
y la de papá,
quería que estuvieran ahí
junto a mí.

Hoy por primera vez
soplé las velas pidiendo que
mi familia entrara por la puerta,
que gritaran «¡*sorpresa*!»
y con un abrazo
me dijeran que todo había terminado,
que la pesadilla se acabó
pero no se me cumplió.

En fin, ya no importa
—dijo encogiéndose de hombros—
tan solo despierta ya, mamá,
porque es ese mi mayor deseo
y es que, te traje torta
y está deliciosa,
sé que te encantará…

Despierta, por favor,
sé mi regalo esta noche,

no te pido mil palabras,
tan solo ver tus ojos un microsegundo
o un segundo para asegurarme
que no estoy delirando.

Oh, mamá,
perdóname si esta noche te hablo así
con la nostalgia en mi voz
y el alma dividida en un millón
no quiero que pienses que estoy molesta contigo
porque no es así, es solo que te extraño
y cada día es más difícil,
los pensamientos me consumen,
no puedo evitar cuestionarme
si aún te acuerdas de mí…

¡Cómo duelen los silencios, mamá!
¡Cómo duele amar sin recibir tu abrazo!

Después de expresar sus sentimientos, se acostó y se quedó dormida nuevamente sobre la camilla de Violette, sujetando con fuerza su mano como si pudiera sentirla más cerca de ella, como si estuvieran conectadas.

Las mejillas de Zoe aún estaban húmedas a causa de las lágrimas que siempre le hacían compañía, sin embargo, más allá de eso, aquella escena conservaba un ambiente de ternura, amor, nostalgia y dolor.

Cuando los abuelos entraron y se encontraron con esa imagen, el corazón se les hizo pequeño, entonces, soltando las fuerzas, ambos rompieron en llanto. Fue un llanto amargo, un llanto que viene desde lo más profundo de los sentimientos. Un llanto contagioso, de esos que cortan la respiración y enredan nudos en la garganta y en el pecho; fue un llanto desesperado, desconsolado. Un llanto cruel, de esos que duelen para siempre.

¿Cómo iban a decirle a la pequeña que su mamá quizá ya no despertaría? ¡No había palabras! Además, todo dolía y la vida por sí misma ya pesaba demasiado como para abrir su boca y dar otra mala noticia...

Contemplando a su nieta, se quedaron buscando palabras, algo para no hacer la herida más grande, una frase que no golpeara tanto, pero no era posible. Francamente, ni siquiera sabían por dónde empezar. Sus cabezas daban vueltas, sentían el vértigo recorriendo sus cuerpos. ¡Nada estaba bien!

Rendidos y sin palabras amenas, cayeron dormidos con la cabeza sobre la camilla junto a Zoe y su nuera, no obstante, el sueño no les duró mucho. Una enfermera, a pesar de estar conmovida, tuvo que levantar a la pareja de ancianos para advertirles que había llegado la hora, que la visita había terminado...

Cargada por los flojos brazos de su abuelo, Zoe fue llevada hasta el auto que los conduciría a casa.

Entonces apareció el sol por la ventana. Era una nueva mañana de verano, pero se aproximaba una tormenta como aquellas que ocurren en pleno invierno. Un nuevo día comenzaba, sin embargo, nadie lo deseaba.

El señor y la señora Winkler no sabían cómo darle las malas y dolorosas noticias a la pequeña Zoe. No querían despertarla y decirle que debían ir temprano al hospital tan solo para comenzar a despedir su única esperanza.

Lágrima tras lágrima, ¿cuándo acabaría toda esa agonía? La presión les perseguía, no había manera de frenarla, de pedirle que no siguiera, que les diera tiempo de suturar al menos una herida. Realmente, no había nada que hacer.

Cuando la pequeña despertó, besó a sus abuelos y los saludó con un abrazo. Había despertado feliz, llena, con la esperanza tocando el cielo.

¡Oh, cielos! ¿Por qué todo tenía que ser tan difícil? ¿Por qué tenían que ser ellos quienes rompieran una vez más el corazón de su querida nieta? ¿Por qué la vida no podía ser justa con la pequeña Zoe?

Muchas preguntas aparecían en sus cabezas, pero ¿dónde quedaban las respuestas? Silencio, lágrimas, ruptura y dolor: eso era todo lo que había.

—Zoe, querida —llamó Bridget—, tenemos que hablar —continuó con la voz quebrantada y el corazón hecho polvo—. Hay algo que debes saber.

La señora Winkler se quebró tanto que no pudo seguir pronunciando palabra alguna. Fue como revivir el día en que se dieron cuenta que su hijo había fallecido.

—¿Qué pasa, abuelita? ¿Te sientes mal? —alarmó la pequeña al instante—. ¿Por qué lloras? ¿Hice algo malo?

Augusteen se vio en el apuro de interferir.

—No, cariño, no hiciste nada malo —alegó tomando por los hombros a Zoe—. Como sabes, la vida a veces es realmente cruel. Le da las peores batallas a personas que aman demasiado, y yo, yo sinceramente no sé cómo decirte esto, —no tardó en temblarle la voz, los labios, el cuerpo entero, pero aun así siguió adelante.

—No sé cómo ponerles anestesia a las noticias y mucho menos a tu maravilloso corazón. No lo quiero romper más, sin embargo, hay algo que debes saber…

La pequeña abrazó a Augusteen, queriendo que parara de llorar. Deseando pellizcarse y despertar de un sueño que se había convertido en pesadilla, una de esas que te agitan el corazón cuando abres los ojos y te alivias de estar en otra realidad.

—No, *nonno*, no llores, me asustas —gimoteó—. Tan solo dime que todo mejorará, que tus lágrimas son de alegría, que mamá estará bien, que esta misma tarde con nosotros a casa volverá.

En el fondo Zoe ya presentía lo que sus abuelos le iban a decir. Sus reacciones los dilataban, los dejaban desnudos, a la intemperie.

«Miéntame si quieres —pensó la niña de cabello tan oscuro como lo que estaba por vivir—, pero dime que todo cambiará para bien».

Augusteen, quien ya no daba más, volvió a hablar.

—Lo siento mucho, mi pequeña, pero tu mamá tiene que ir con tu papá. Él se siente solo y por eso ha llamado a

Violette, —el señor se sintió quebrado cuando los ojitos de su nieta se inundaron en lágrimas que estarían por brotar—. Ella ya no volverá a ser la misma aquí en la tierra. Ya no puede respirar por sí misma, simplemente necesita descansar de verdad. El doctor le ha dado una semana más, podría ocurrir un milagro en este tiempo, sí, pero lo mejor es irnos preparando desde ya.

Zoe, sollozando sin ningún consuelo, interrumpió a su abuelito.

—¿Por qué los humanos son tan crueles? ¿Por qué me dejó de amar? ¿Por qué se quiere ir? —Negaba incontables veces con la cabeza, se negaba a afrontar lo que acabaría llegando—. Papá tiene a su abuela, pero ¿y yo? ¿A cuál de los dos tengo? ¿A dónde iré después de la escuela? ¿Dónde encontraré a mamá?

Por momentos se le cortaba la respiración. Agitada, tenía que tomar aliento y, al hacerlo, el pecho terminaba temblándole. ¡Sentía un dolor profundo e intenso!

—¿Y si la busco entre las margaritas y los girasoles, pero no la encuentro? ¿Pueden decirme a dónde voy a ir? —Demandó—. ¿Por qué me están haciendo esto? ¿Por qué decían que me amaban si al final solo me iban a abandonar? ¿Por qué los adultos son tan crueles con los niños? ¿Por qué ellos? ¿Por qué papá y mamá?

Los abuelos querían tener una respuesta. Encontrar las palabras perfectas para consolar el corazón roto de su nieta, pero no había manera. No sabían qué decir ni cómo actuar ante tanta injusticia. Su alma se le fragmentaba al compás de cada lágrima. Ya no querían ser ellos los portadores de las malas noticias…

Pasado el tiempo, cuando lograron calmar un poquito a Zoe, la envolvieron en una manta para llevarla al automóvil y luego conducir hasta el hospital.

Un sitio nunca les había parecido tan seco, sombrío y frío.

Observando a Violette inerte, dependiente, tranquila, pero sin capacidad de sentirse a sí misma, el dolor hizo de las suyas nuevamente. Entonces, todos, rendidos ante la impotencia que se hacía evidente, se preguntaban cuándo la irían a desconectar. No porque así lo quisieran, sino porque intentaban asimilar todo lo que estaba pasando. ¿Tendrían la valentía de ver cómo su cuerpo se quedaba vacío?

Zoe con un dolor en el pecho y el deseo de tener el poder para despertar a su mamá, se sentó en un rincón de la sala y comenzó a llorar mientras la contemplaba. Quería grabarse hasta el último detalle de ella.

Sin embargo, eso no era todo. La pequeña experimentaba sentimientos que la confundían. A veces rencor, otras tristeza, pero sobre todo, lo que sentía era amor, desesperación y una horrible impotencia que la sumergía en el ardor.

Por su mirada, los señores Winkler comprendieron que iba a necesitar un momento de intimidad, el cual le otorgaron.

Ricordami dallo stesso amore

Hola, mamá,
otra vez soy yo, Zoe.
¿Todavía reconoces mi voz?

Oh, amada mía,
hoy me duele el alma
y la verdad no sé cómo hablarte sin llorar
así que antes de comenzar me quiero disculpar,
sé que lo que diré me quebrará la voz
y el corazón,
pero creo que es necesario hacerlo...

Mamá, quiero continuar agradeciéndote
por las noches juntas
—incluso las de esta sala de hospital—
y por nuestras tardes de película junto a papá,
gracias por los peinados, por los regalos,
por tus abrazos y por todo el amor
que me supiste dar,
gracias por los cuentos,
por las tardes de compras,
por los helados,
gracias por amarme con tanta intensidad,
gracias en verdad...

Quiero que sepas

y que siempre recuerdes que
cuando tomo tu mano me siento a salvo
como si en verdad me pudieras proteger
—a pesar de las dificultades
que hay en esta habitación—,
tú siempre supiste protegerme,
hacerme sentir segura.

¡Oh, querida madre!
Desearía no tener que soltar tu mano nunca
porque presiento que la necesitaré
en lo que me resta de vida.

No sabes cuánto me habría encantado
que tú también te sintieras así
—espero que al menos aquí haya sido así—,
habría amado tener tu compañía siempre
y que tú tuvieras eternamente la mía…

Mamá, lo que diré dolerá,
pero necesito decirte algo respecto a papá
porque no he sido sincera contigo
tan solo para no romper tu corazón,
—ahora sé lo que se siente estar roto
desde adentro y por completo—
y sí, ya sé que soy solo una niña,
pero la vida me ha enseñado
lo que es el verdadero dolor.

Oh, amada, amada mía,

quisiera ponerles filtro a mis palabras
para no sonar tan egoísta,
para no lastimar tu ser
y para no tener que romperme aquí,
frente a ti, en esta gélida sala,
pero a pesar de cuánto pudiera doler algo
me enseñaste a no mentir
y no quiero que pienses que lo hecho
porque no ha sido así,
solo no te contado las verdades completas
y no lo hacía, no te decía dónde estaba papá
porque quería que tuvieras
más de una razón para despertar.

Perdóname, mamá,
por haber guardado este secreto tanto tiempo,
no fue fácil, supongo que nunca lo será,
pero llegó la hora,
debo hablar con toda la verdad;
papá murió el día del accidente,
esa es la razón por la cual no duerme conmigo
ni me lleva a la escuela
ni me cantó cumpleaños
ni me ha vuelto a peinar,
es por lo que siempre te he hablado de las estrellas;
he llegado a creer que es ahí donde habita él.

Quizá ya lo sospechabas, no lo sé,
quizás esa sea la razón
por la cual dejaste de aferrarte a la vida

decidiendo depender de una máquina,
la verdad no lo sé,
solo sé que duele,
que todo esto me duele
hasta en la forma de respirar.

Perdóname si estoy siendo abierta
y ya no hay más filtros en lo que te digo
es solo que ahora debo ser completamente honesta
porque de nada sirven las verdades a medias,
oh, amada, puedo sentir cómo te rompes en esa cama
o tal vez, solo tal vez es el reflejo de lo que siento al hablar,
no lo sé, pero de cualquier manera te pido perdón
si al contar esto te genero dolor.

Amada madre, amada de mi corazón,
antes de continuar quiero pedirte un favor;
no pienses que se ha ido
o que te ha dejado de amar
porque el abuelo me ha dicho
que papá está en el cielo
esperándote con los brazos abiertos,
dice que el amor de ustedes es tan grande
que ni siquiera la muerte los puede separar,
también dice que, en el cielo,
podrán volver a bailar un vals
como en cada navidad,
que volverán a reír
que me cuidarán
que ahí estarán

que los encontraré
que me podrán escuchar.

Perdóname,
—una lágrima se deslizó por su triste rostro—
lamento haber guardado este secreto tanto tiempo,
pero no te quería lastimar,
no quería causarte más heridas.

Perdóname, mamá,
por si nuevamente se me corta la voz
y hoy soy más lágrimas que versos o palabras rotas
pero dicen los doctores que llegó tu hora
que te tienes que marchar
que ya no puedes respirar
que necesitas descansar
y está bien, quizá tienen razón
así que no quiero que te sientas mal.

Estoy segura de que lo diste todo hasta el final,
o quizá, simplemente te cansaste de luchar,
de intentar darme una señal
—que nunca llegó—,
no lo sé porque desconozco
si realmente me escucha(ba)s
o si sabías algo de todo esto,
no lo sé, ya no tengo la certeza de nada
pero aun así quiero decirte que
para mí siempre serás la mujer más valiente
así que no tengas miedo de irte si así lo quieres,

recuerda que papá te esperará,
ahí estará.

En cuanto a mí, no te preocupes,
yo sé que he llegado a pensar que ya no me amas
pero solo soy una niña, no sé razonar,
solo soy alguien a quien el dolor atacó
y no supo cómo reaccionar…
Sin embargo, volviendo a mis memorias
puedo sentir tu amor,
el recuerdo hermoso de tu abrazo
y de tu voz diciéndome cuánto me amas,
así que no te debes preocupar,
estaré bien ahora que comprendo mejor.

Perdóname por dudar,
no volverá a pasar
así que no tengas miedo de irte,
allá estarás mejor
y aunque el corazón
se me haga en más añicos
jamás te voy a olvidar;
siempre te voy a amar,
siempre te voy a recordar desde el mismo amor
así que cierra tus ojos y vuela en paz.

Dicen que en las alturas no existe el dolor,
que no hay lágrimas ni desesperación…

Por ahora te prometo que algún día

nos volveremos a encontrar
así que vete en paz,
pero por si por casualidad
algún día me ves llorar
no te sientas mal,
tan solo abrázame
entre el aroma de las flores
y en cada suspiro del viento
porque seguramente lo necesitaré.

Oh, mamá,
espero que me puedas perdonar,
que me logres abrazar
porque te amo intensamente
y sé que no podría vivir sin sentirte aquí...

Antes de terminar quiero pedirte algo más;
recuérdanos como aquella familia
que supo amar hasta el final de una vida
y hasta el más allá.

Recuérdanos,
recuérdanos desde el mismo amor,
por favor.

Mi mancherai

En los últimos días era casi imposible acercarse a Violette, tocar la puerta, hablar. Era como si los recuerdos bloquearan el paso, el habla y todo lo que tuviera que ver con la fortaleza y la valentía —como si romperse no fuera de valientes—. El hospital se convertía en un lugar más sombrío. El pasillo parecía interminable, cada centímetro se hacía eterno, dolía, pero la familia Winkler no quería derrumbarse en la soledad, querían guardarse el llanto para después, cuando estuvieran en intimidad.

A pesar de que habían pasado unos días intentando aceptar la idea de que desconectarían a Violette, no lograban minimizar el dolor que estaban por vivir porque al final no importaba cuánto tiempo llevaban intentando prepararse para algo así; sabían que la despedida iba a dolor. Decir *adiós* sin querer siempre duele, es como estar en el punto más alto y luego caerse sin ninguna protección, así, de repente.

Esta familia había comprendido que una parte de ellos comenzó a morir en el momento en que la esperanza desapareció, pero aun así, en sus corazones no podían aceptar lo que estaban viviendo, no querían reconocer que de pronto el día se había convertido en noche y la noche en invierno, que ya nada volvería a ser lo mismo por más que lloraran y buscaran respuestas. Lo sabían, claro que lo sabían, sin embargo, no eran capaces de admitirlo en voz alta, de dar el próximo paso sabiendo que no habría marcha atrás.

Sabían que la muerte llegaba a cambiar las cosas. Entendían que cuando aparecía, los que los rodeaban no eran más que personas envueltas en sombras que caminaban en piloto automático. Gente que se sentía pequeña, vacía, semejante a las máquinas. Bastaba con mirar sus ojos para reconocer que dentro de ellos todo había quedado completamente roto. Claro que lo sabían porque no habían sido la excepción, no habían salido ilesos, era suficiente con que se vieran al espejo para que comprendieran que no eran más que un reflejo de esas personas que quedaban vacías. Lo sabían porque de repente tenían la sensación de que todo se fragmentaba cuando las olas del dolor golpeaban con fuerza.

Era claro que lo entendían, después de todo, a pesar de que caminaban ya no sentían que avanzaran porque se sentían profundamente vacíos, ajenos a todo lo que los rodeaba, incluso a sí mismos. Tenían la sensación de que eran demasiado pequeños para un cuerpo que cargaba con tanto...

Los Winkler se habían quedado sin fuerzas, sus corazones se debilitaron dándole paso a las palpitaciones sin sentido. Todo dentro de ellos se había roto y la vida ya no alcanzaba para curarse las heridas.

Un día, estando a la espera de que los médicos desconectaran a Violette, Zoe despertó con la esperanza renovada en su mirada y en su sonrisa.

—*Ciao, nonna,* —saludó alegremente.

—*Buongiorno, bambina.*

—Abuelita, ¿podrías prepararme unos *Brownies de Amarene Sciroppate?* Por favor, —suplicó su nieta con amabilidad—. Hoy quiero llevarle a mamá.

El corazón de Bridget volvió a hacerse pequeño, pero no fue capaz de negarle su petición.

—No creo que nos dé tiempo de prepararlos, mi niña, pero ve a alistarte y antes de pasar al hospital, los compraremos, ¿te parece?

—Claro que sí. Gracias. Muchas gracias, *nonna,* —le dio un beso en la mejilla y volvió a su habitación.

La niña Winkler Hussein vestía un tierno atuendo y un lazo rojo adornándole la melena negra y sedosa. Se veía feliz como si hubiera recobrado sus fuerzas en una noche. Parecía una persona que por primera vez creía en algo; tenía la ilusión y la fe intacta.

Su deseo era hacerle un picnic a su mamá como en los viejos tiempos. Creía que esa sería la solución, que era lo que ella necesitaba para volver a sentirse en su hogar...

Al aproximarse a la habitación, Zoe sintió un gran escalofrío recorriendo cada parte de su cuerpo. Sintió miedo, entonces titubeó como la primera vez. Comenzaba a dudar de sí misma y de su idea.

Las enfermeras, viendo la reacción de aquella niña, se sintieron conmovidas así que con una sonrisa la incitaron a pasar.

—Hola, pequeña, —le dijeron.

—Hola. ¿Cómo está mamá? —Preguntó encogiéndose de hombros como quien teme escuchar la respuesta.

—Hasta el momento no hemos tenido ninguna señal, nada que indique algún movimiento. Esta tarde la des...

—No lo digan, por favor, —suplicó Zoe con una lágrima recorriendo su mejilla izquierda—. Ya sé que es hora, que el tiempo establecido se ha acabado. Ya lo sé, he intentado prepararme toda esta semana, es solo que cuando lo dicen en alta voz algo dentro de mí se rompe.

—Lo siento mucho, —respondió una de ellas apenada.

Los abuelos no decían nada.

Dentro de ellos no había ningún consuelo, nada que pudieran compartir con su nieta. Todos aquellos sucesos seguían doliendo, todavía se sentían como dardos.

Pasados unos minutos, la enfermera más joven tuvo que llevar a cabo todo el proceso para desconectar a Violette. A pesar de haber estudiado durante años, por dentro se sentía incapaz de arrebatarle la última esperanza que le quedaba a una niña tan dulce.

Para sorpresa de los Winkler, Violette comenzó a respirar por sí sola, entonces la llama de fe en el corazón de Zoe volvió a revivir desde las cenizas. Sentía que todo giraba a su favor.

—Les daremos su espacio, —dijo la asistente saliendo de la habitación.

En cuanto todas se fueron, Zoe se acercó apresuradamente hasta su mamá, tomándola de la mano carente de fuerza. Seguidamente plasmó un beso fuerte sobre su frente y continuó hablando:

Un giorno fatto per noi

Hola, mamá, mi querida Violette,
hoy me he despertado con el presentimiento
de que tú también lo harás;
ha sido como una conexión inexplicable,
es por lo que he venido aquí
con tus brownies favoritos
para proponerte algo que
hace meses no hacemos…

¿Me aceptarías una cita?
Como en los viejos tiempos
cuando hacíamos uno de esos picnics
que tanto nos fascinaban
tan solo porque el tiempo era tan nuestro
y los recuerdos florecían
como una hermosa primavera.

¿Los recuerdas?
Nos sentábamos al lado de papá
y de mis abuelos paternos,
donde solo nos acompañaba la risa.

Eran en el parque,
bajo aquel enorme árbol,
todo antes de que el destino o la misma vida
jugara en nuestra contra.

Oh, amada, he querido mencionar esto
para refrescar tus memorias
pues deseo que lo puedas disfrutar
tanto como yo.

Y sí, puede que hoy sea en esta sala,
pero quizás en unos días,
lo tendremos en nuestro lugar favorito
en aquel que he descrito;
me gusta creer que así será.

Quiero contarte que hoy
me he puesto el vestido floreado
que me compraste para mi cumpleaños
y el lazo que me regaló papá.

Ojalá pudieras abrir tus ojos
en este preciso instante,
ojalá pudieras contemplarme
más allá de la imaginación…

De verdad desearía que me vieras,
que tus hermosos ojos pudieran apreciar todo
no obstante, a pesar de que no es como quisiera
no quiero que te pierdas nada,
así que estoy aquí para describirte cada detalle.

El cielo, por ejemplo, está despejado,
tiene un color hermoso
pintando con aves,

imagino que ya las has escuchado.

Oh, querida, querida mía,
presiento que este día fue hecho para nosotras
para sentirnos en compañía
para sentirnos amadas
y realmente abrigadas.

Hoy es nuestro día, mamá,
por eso he venido con tanta esperanza
y no, no te quiero presionar
es solo que realmente anhelo
que puedas despertar.

Zoe estaba todavía hablando cuando de repente comenzó a sonar el electrocardiograma. Ella era muy pequeña para comprender exactamente qué pasaba, pero en el fondo sentía que no era bueno. Había algo dentro de ella que la alarmaba, que la hacía sentir miedo.

Sin embargo, no fue capaz de reaccionar. Se quedó en estado de shock mientras los médicos y enfermeros entraban a toda velocidad con un desfibrilador pidiéndole a la niña que saliera.

—No, no, por favor, no, —gritaba Zoe entre lágrimas.

Pero aun así su llanto no fue suficiente para detenerlos en su decisión.

Al salir de la habitación gélida comprendió que lo que sucedía podría terminar de fragmentar su corazón.

—¡Abuelita! —Llamó Zoe ahogada por el miedo.

Los señores Winkler, quienes ya sabían lo que estaba sucediendo, le abrieron los brazos a la pequeña, y así, abrazados en círculo pensaban en lo peor. No eran capaces de tener otro pensamiento cuando todo era lo suficientemente obvio y las advertencias cumplían con su ciclo.

Todavía no encontraban la calma cuando de pronto salió un médico con su mirada que dejaba en evidencia el porvenir de sus noticias claramente marcadas por la crudeza.

—Hicimos cuánto pudimos...

—No, doctor. Por favor no digas eso, —interrumpió Bridget.

—*Mi dispiace,* —hizo una pequeña pausa—. La hora del deceso fue 16:15.

Augusteen no podía creer cómo una persona podía dar esa noticia sin mostrar ninguna emoción. No entendía cómo decirlo podía ser tan fácil mientras que procesarlo a veces tomaba toda la vida.

Mientras tanto, Bridget sentía que su alma quedaba en el pasillo sombrío, sentía que el hospital consumía sus recuerdos, su paz, su esperanza, su vida entera y la de su nieta...

Por otra parte, Zoe, que era tan solo una niña de nueve años comprendió perfectamente el significado de aquella palabra desconocida. Sabía que la hora había llegado, que el reloj siempre le recordaría su pena.

16:05, 16:06, 16:07, 16:08, 16:09, 16:10, 16:11, 16:12, 16:13, 16:14, 16:15... ¡16:15!

Maldito reloj. Congeló las agujas eternamente en esa hora. Ya no importaba si eran las 16:20, el reloj de su corazón siempre marcaría las 16:15 y todo su dolor. Aquella frase se había quedado impregnada en ella con la esencia de toda la eternidad.

A pesar de eso, Zoe no quiso perder más minutos en esa sala, así que corrió hacia la habitación invadida por la desesperación, el enojo, la tristeza y la impotencia. Corrió. Corrió sin mirar atrás, sin analizar lo que estaba delante. Corrió. Esta vez no titubeó al entrar, solo quería estar con su mamá.

Al entrar alguien la atrapó, pero eso no le importó.

—*Mamma*, —gritaba a la vez que golpeaba suavemente su pecho dormido—. *Svegliati, per favore. Non lasciarmi, ti prego.*

El mar de la angustia se deslizaba por su triste rostro. Caía como cataratas mientras su corazón se hundía en el lado izquierdo.

—Despierta, por favor. No me dejes, te lo ruego. Te necesito aquí, conmigo. Mi vida sin ti se apaga, se marchita...

Non lasciarmi

Mamma, mamma,
dime que despertarás
dime que los médicos se han equivocado
dime que solo nos has asustado
dime que sí nos tomaremos ese té
dime algo, por favor,
si no lo quieres está bien
pero solo despierta de una vez,
dame una señal, haz salir tu voz,
haz algo, no me dejes así.

No puedes hacerme esto
y menos hoy que tenía la esperanza
de que despertarías
y sentirías el aroma de las flores,
de tu brownie favorito
y del té que tanto nos fascinaba.

Svegliati, per favore,
non lasciarmi, ti prego,
de verdad despierta ya, por favor
y dime que todo es una pesadilla,
que pronto acabará,
que volverás a estar a mi lado
y que papá también volverá.

144

Non lasciarmi, mamma,
no me dejes, mamá
porque hoy no te he dicho
cuánto te amo.

Regresa, por favor,
no puedes dejarme así
sin un adiós tal y como lo hizo papá,
no puedes dejarme así
con el polvo de mi corazón entre mis manos
sin antes escuchar tu voz.

No, mamma,
no puedo si tú no estás,
no estoy preparada
para soltarte
para empezar de nuevo
para decirte adiós.

No me dejes, por favor, mamá,
entiende que tengo el corazón herido
y necesito respuestas,
ven y dime cómo lo voy a reparar
ahora que te vas…

Non lasciarmi, mamma, per favore
porque te necesito aquí, conmigo,
non lasciarmi, mamma, per favore
porque te amo, te amo intensamente…

Per favore, torna, mamma,
ven y dime qué haremos ahora
que tus ojos se han cerrado
anunciando que vives la noche,
ven y dime qué sentido tiene la vida sin ti…

Regresa, por favor,
te necesito aquí.

Bridget y Augusteen, con el corazón devastado y las lágrimas a flote, se acercaron a Zoe. Nuevamente quisieron consolarla, decirle que todo estaría bien, pero sabían que esas palabras no servirían de nada, que ahí nada estaría bien porque su cielo se había pintado de noche.

Ya no había nada que hacer, nada que decir. La historia se repetía; debían volver a casa con la bolsa de sombras de Violette para buscar el último vestido que usaría. Debían empezar de nuevo dándole la mano al dolor para cruzar de un lado a otro. ¡Todo en menos de un día!

La vida en sus encrucijadas acabó convirtiéndolos en una familia incompleta que batallaba contra la pena misma.

Del hospital a la casa no era mucha la distancia, pero aun así los kilómetros se convertían en lo más largos que alguien podría atravesar. Cada milímetro contaba, cada segundo representaba una lágrima, cada centímetro dolía y cada metro era como atravesarse una daga directo al corazón. A pesar de sus intentos por huir, una tormenta de dolor alcanzaba a empaparlos incluso cuando iban dentro del automóvil. Alrededor de ellos, había nieve cayendo, copos reventando corazones, una bolsa cargada de sombras en uno de los asientos y un reloj en la memoria marcando las 16:15. Todas las sonrisas se quedaban en el trayecto a casa. Ya nadie hablaba porque las memorias volvían haciendo una película que en el alma dolía. Todo era dolor, entonces el llanto, siendo cómplice de esa amargura, volvió a caer, pero esa vez en silencio. Empapó las mejillas, las camisas, los asientos y lo poco que había quedado en el corazón.

Al llegar a la casa de sus amados padres, Zoe se encogió de hombros y, en cuanto el portón comenzó a abrirse, se sintió pequeña, diminuta. No quería abrir sus ojos, no quería mirar las sombras, ni quería caminar por los pasillos que golpeaban su ser: el frío de los recuerdos, la sombra que envolvía las fotografías y la muerte...

Llovía. Dentro de la casa llovía fuerte. Yo que solo estaba ahí para acompañar a Zoe en silencio, me empapaba de ese dolor y comprendía que nadie quería escuchar, siendo sincero, ni siquiera yo quería escucharlo, pero el ruido se intensificaba, caían gotas como hielos. Parecía una tormenta. A lo lejos se escuchaban truenos, —eran sus cuerpos cayéndose a pedazos—. Había voces, muchas voces por todas partes, eran las memorias revotando como eco entre las paredes. Las imágenes se volvían borrosas. Ya nadie quería mirar. Nadie quería sentir porque a pesar de que estaban juntos, sentían miedo, mucho miedo… Sin embargo, sabían que ni aun así se podían detener, que debían intentar llegar hasta el armario.

—Creo que este es el vestido, —indicó Zoe con la voz quebrada.

—Se verá preciosa, —dijeron ellos tratando de minimizar lo que sentían.

—Bueno, ya está, —continuó la pequeña niña—. Ahora debemos ir a una funeraria. Solicitar que graben su nombre en una placa junto a un verso de sus poemas. Seleccionar la caja y buscar las flores, —terminó diciendo con el océano desbordándose en sus ojos.

Winkler era solo una niña intentando ser fuerte.

Llegado el día del velorio, toda la familia se unió. Violette llevaba puesto un vestido celeste y una diadema de flores. Se podría decir que a pesar de la crudeza, de las heridas, de los daños y de los cambios lucía hermosa. Tan hermosa que parecía irreal que ese sería su último traje y esa su despedida...

Las personas la veían con ojos de consolación. Algunos transmitían lástima en la mirada. Otros querían comprender. Otros llenar los espacios vacíos, pero nada llenaba la sala ni los corazones, ni siquiera las pinturas que decoraban las paredes abriéndole paso a los recuerdos.

Aquella escena era una dimensión diferente. Las personas lloraban. Augusteen y Bridget ya no sabían qué hacer con todas las flores que llevaban ni con todo el sentimiento reflejado en sus ojos, solo se rompían al ritmo de los pésames.

Por otra parte, la noche se hacía larga y Zoe se mantenía distante. No quería ver ni hablar con nadie, ni que le dieran el pésame. Esas palabras ya le parecían ensayadas.

Cuando todas las personas se fueron, la pequeña rompió en llanto. Lloró como si de repente la vida para ella pendiera de un hilo. Lloró con amargura, lloró desde adentro. Sintió la culpa sobre sus hombros y entró en angustia. Lloró hasta que su corazón perdió la temperatura. Lloró sin cesar, hasta que, finalmente, se quedó dormida junto al cuerpo de su difunta madre.

Llegó el día del entierro. Todo estaba preparado, incluso la tierra ya estaba a un lado, abriendo espacio para el ataúd de Violette.

Ese domingo llevó consigo una tarde triste, algo oscura. Una grabación a cámara lenta. Personas con el mar en sus ojos acabado en sus regazos, pésames, puñados de tierra, ramos de flores y poemas fragmentados.

Zoe no estaba segura si era el domingo o si era su imaginación. Pensaba que quizá los recuerdos opacaban la luz del día y la transformaban en uno gris, uno de esos tonos que complementan la tristeza. Quería convencerse de que el cielo no conspiraba en su contra. Aun así, estaba aturdida. No sabía qué creer.

Sin embargo, a pesar de la vorágine de emociones que sentía, nunca se había visto a Zoe siendo tan valiente como cuando se puso en pie frente al ataúd de Violette con las lágrimas como parte de su poesía y su voz entrecortada abriéndole paso a los sentimientos encontrados.

—*Ciao*, —saludó con voz temblorosa.

Non dimenticarmi

Si soy sincera debo decir que
con tan solo estar aquí
siento como si se me cerrara
el pecho y un nudo apretara
con fuerza mi garganta
cuando todo lo que quiero es gritar,
despertar a papá, a mamá
y pedirles que vuelvan.

Debo confesar que
ni siquiera sé cómo empezar,
¿debería saludar
o comenzar con un «adiós»?
Realmente no lo sé.

Debo admitir que
lo único que sé con certeza
es que mi corazón hoy quiere llorar
así como mi alma ya lo hace.

Tengo tantos sentimientos
atorados en el pecho
que ya no tengo ni una idea
de cómo hacerlos pequeños,
de hecho, creo que mi vista está nublada
porque aunque seque mis lágrimas

no logro ver una realidad diferente
a esta que me ataca.

Francamente solo sé que se aproxima la hora,
que aquí fulmina la historia de un amor
que pronto renacerá
en los brazos de papá.

Debo confesar que me pesa el cuerpo,
tengo el polvo de mi corazón
disuelto entre las olas de este dolor
que se extiende y se filtra sin precaución.

Quiero alzar mi voz, gritar,
sacar un micrófono de mi interior
y expresar al exterior
lo que siento al callar
porque hay un vacío visible
en medio de las fotografías
que acompañan a mamá,
mi cuerpo está ahí
pero mi alma hace mucho se quedó atrás.

Estoy profundamente herida,
hundida en esta soledad,
tengo a mis abuelos
que forman parte de mi otra mitad
pero a decir verdad
me falta mamá
y me falta papá;

sin ellos nada se siente igual.

Ya ni siquiera estoy segura
de saber cómo va eso
de sacar memorias
para no olvidar,
ya no sé cómo hacerlo
porque hay una agujero negro...

¡Oh, *mamma*! —Gritó con dolor—
hoy me pesa estar aquí
viéndote sin ninguna esperanza
de admirarte sonreír,
hoy me duelen todos aquellos recuerdos
que no volverán a ser jamás
y me asustan las memorias
que pueda llegar a olvidar.

Dime, amada mía,
¿si olvido tu risa cómo la podré recuperar?
Y si se van mis memorias,
¿dónde las podré encontrar?
Y si se acaba mi imaginación,
¿cómo sabré dónde estarás?

Estoy cargada de preguntas sin respuestas
y es que en esta tarde me duelen todas aquellas noches
en las que tomada de tu mano
y con mil lágrimas rodando por mis mejillas
te rogué que abrieras los ojos,

que me regalaras un poco de tu brillo
y me devolvieras una de tus sonrisas,
una de aquellas que hacían un lugar en mi pecho.

Hoy me duele la noche que se aproxima
esta que me privará de cantarte una canción
o simplemente grabarte en silencio
con el deseo de verte despertar
tan solo una vez más.

Oh, *mamma*,
no sé cómo ponerle filtro
a todo lo que siento
porque me duele estar aquí
sin poder abrazarte ni besarte
como en cada noche,
como en cada mañana.

No puedo mirarte
y saber que próximamente
estarás en un nuevo lugar lejano a mí,
no puedo hacerlo sin sentir dolor
hasta en la forma de respirar.

Amada mía,
anoche pedí un lugar junto a ti
en esta caja blanca
a la que he llamado portal,
pero me han dicho
que no me puedes llevar,

que no es mi tiempo,
que me debo quedar
y me ha dolido, mamá,
porque no te quiero dejar,
no puedo acostumbrarme a la idea
de que se acerca el final.

Sin embargo,
hoy, estando aquí comprendo
que tengo dos almas por cuidar,
que no me llevarás ni aunque
en este mismo instante
me pusiera sobre mis rodillas
y comenzara a llorar.

Siendo sincera, tengo miedo
como cuando murió papá,
tengo miedo de tantas cosas
que ni siquiera puedo articular.

Me asusta volver a casa,
a ese lugar cargado de sombras
y recuerdos que me cortan el habla
y la respiración.

Oh, amada mía,
quisiera que abrieras tus ojos,
que me vieras una vez más
y me dijeras que todo estará bien,
quisiera escucharte otra vez

porque hoy me duele el corazón
y siento que ya nada lo puede reparar...

Aun así, debo confesar que
aunque no volverás
a tomar el té conmigo
ni me peinarás más
me da paz saber que
volverás junto con papá.

Mi alma realmente siente calma
cuando los imagino bailando un vals,
los dos unidos otra vez,
tomados de las manos
y de vez en cuando rosando los labios
como muestra de su eterno amor.

Aun así, no puedo mentir, *mamma*,
mi alma está sintiendo
el amargo sabor de tu partida,
se ha desilusionado,
ha perdido la fe,
pero ni aun así podría dejar de amarte
porque me hiciste sonreír,
porque sí,
quizá no me enseñaste a soportar la muerte,
pero sí a ser valiente,
a levantarme a pesar de las heridas.

Mi querida Violette,

al hablar siento un nudo en mi garganta
que poco a poco se desata,
aunque debo admitir que ha dejado marca
y ahora sé que me tomará tiempo sanar
y que el proceso a veces dolerá.

Ojalá estuvieras aquí,
quizás así mis lágrimas dejarían de salir
y mi corazón encontraría paz,
ojalá estuvieras aquí...

Solo espero algún día poder hablar
sin sentir ese dolor
y sin que las olas del mar
se desaten en estos ojos que hablan del amor,
por ahora me limitaré a amarte con mayor intensidad
y en cada detalle procuraré no olvidarte.

Te amo, mamá,
pues me enseñaste tanto
que hoy puedo continuar...

Algún día nos volveremos a reencontrar,
no sé cuándo,
pero te prometo que
a tus brazos y a los de papá volveré.

No lo olvides,
no me olvides,
no nos olvides.

Para cuando Zoe terminó de hablar, ya todos habían abierto su pecho y sus lágrimas rompieron el cristal de sus ojos, aquellas que empezaron a camuflarse entre las gotas de lluvia.

Al final no había sido su imaginación. En realidad, parecía que las nubes podían sentir las palabras de aquella dulce e inocente niña.

—Quizás es mamá llorando desde el firmamento. Tal vez alcanzó a oír mi voz una vez más y por eso el cielo hoy se agrieta, —pensó.

El entierro se acabó. La gente se despedía y volvían a sus casas en familia, pero ni Zoe ni sus abuelos querían regresar a la suya. Ninguno quería toparse con las sombras del ayer ni las del presente. Les tenían miedo, pero aun así debían volver, jugar a ser valientes y "continuar", —como si fuera fácil avanzar estando incompleto—. ¡Vaya ironía!

Ya no solo faltaba Michael ni Violette, sino que también las sonrisas que componían a la familia. La casa estaba llena de rosas, de tarjetas, de fotos, de cuadros, pero nunca se había sentido tan vacía. Era como si los recuerdos estuvieras envueltos por la neblina del dolor. Era casi imposible permanecer ahí; si abrían sus ojos se topaban de frente con la angustia y si los cerraban las pesadillas volvían.

Francamente la casa de los abuelos se había convertido en un lugar sombrío. A pesar de que Zoe había pasado momentos muy buenos ahí junto a sus padres y sus abuelos, sentía que las memorias acababan con su vida. Todo el amor que había recibido le dolía porque ya no quedaban más días ni más momentos, nada, solo recuerdos que a veces la lastimaban en el lado izquierdo de su pecho.

Transcurrieron dos largos y tristes años desde aquel terrible suceso. Entonces Zoe decidió volver a la casa de sus padres. Cuando estuvo cerca volvió a sentir todas las emociones que tuvo al cruzar el portón por última vez. Su corazón se aceleró, su frente agotada sudaba dolor, sus manos temblaban y sus piernas no fueron capaces de avanzar al instante, casi tuvo que continuar a rastras con su alma entre las manos y una vez dentro sintió que su ser se desgarraba, pero aun así no se detuvo hasta llegar a la próxima puerta.

A pesar de sus intentos, no levantaba la mirada. Parecía que examinaba el piso, las lágrimas que mojaban sus zapatos. Se sentía aterraba. Sin elevar su vista se recostó sobre la puerta y en silencio volvió a llorar. Quería detenerse, dar un paso atrás e irse, pero no era capaz. Una parte de ella la había traído hasta ahí. Sentía que ya había pasado suficiente tiempo, que era momento de volver —aunque fuera temporalmente—. Tomó el llavín entre sus dos pequeñas manos mientras se cuestionaba si era buena idea girarlo. Tenía miedo, se sentía asustada. Aunque la casa seguía intacta, era consciente de que el interior siempre sería una caja de sorpresas.

Entonces, después de un rato, estando convencida lo giró, mas no empujó la puerta de inmediato, simplemente se detuvo de nuevo, miró hacia arriba, abrazó los marcos y finalmente la abrió. Un cementerio de recuerdos habitaba las paredes, la mesita de noche y un diminuto escritorio. Todas sus fotografías descansaban ahí. A un ladito de la cama.

Nuevamente volvió a sentirse pequeña. Había vuelto el vacío.

—Hola, —susurró.

Su voz entrecortada les dio paso a sus palabras punzocortantes.

—Hoy estoy aquí con el eco de mis recuerdos mojando mi rostro mientras miro todas estas fotografía en su habitación, —hizo una pausa—. Tengo el presentimiento de que cada una de estas memorias impresas se volverán nada y por eso me asustan. No quiero verlas con esta tristeza, no quiero que este sentimiento las carcoma, no quiero cambiar mi perspectiva y mucho menos que terminen en nada, es solo que duele el reflejo de algo roto.

—Amado padre, amada madre, tengo en mi corazón el recuerdo de su sonrisa. Cargo dentro de mí la memoria de ustedes acariciando mis latidos con un cuento, con una palabra, con una frase, con un «*ti amo, Zoe*», pero no es solo eso. Dentro de mí habita el día en que no volví a ver más sus ojos porque algo dentro de sus pechos se apagó. Las horas de partida me habitan, el reloj no se mueve ni se apaga y aunque me mantengo firmo, aquí todo duele, —secó sus lágrimas—. Ojalá estuvieran aquí, —finalizó cerrando la puerta tras sí.

Cuando llegó la noche recogieron sus cosas para volver a la casa de los abuelos, sin embargo; algo de ellos quedó entre las paredes de ese antiguo hogar.

Durante el camino nadie decía nada. Parecía que no querían abrir sus bocas o que los recuerdos se habían dejado las palabras. Zoe seguía en la esquina izquierda del vehículo, mirando a través de la ventana. Estaba perdida en sus pensamientos, llorando en silencio se estaba rompiendo. Quería entender. Quería devolver el tiempo.

El trayecto seguía pareciendo largo a pesar de los pocos kilómetros. ¡Ya no había solución!

Los días y los meses seguían pasando. Las cosas parecían volver a su normalidad. Sin embargo, en el momento menos esperado su abuelita comenzó a enfermar. A pesar de no esperar esa enfermedad, en el fondo sabían que algo no estaba bien.

La depresión tocó su puerta llevándola a un abismo en el que estaba dispuesta a saltar. Para Bridget, una señora de avanzada edad, ver a su única nieta sola y sin respuestas era doloroso así que la tristeza vio una puerta abierta y, sin pensarlo dos veces, entró apoderándose de ella y de sus sentimientos.

Sin importar cuántas veces intentara esconder lo que sentía, era realmente obvio que algo estaba pasando.

Algunas veces Zoe y Augusteen se sentían incapaces de hacer algo, pues ellos también cargaban con un gran peso dentro de sus pechos y Bridget tampoco se tomaba el tiempo de escucharlos. Ella sabía que las palabras por más llenas que estuvieran no serían capaces de llenar todo el vacío que habitaba su alma, sabía que nada de eso daría respuestas, que solo habría más interrogantes.

¿Cómo podría una persona rota hablar de fortaleza? ¿Cómo alguien con el corazón herido podría pedirle a otra persona que sea fuerte cuando sufren en silencio por el mismo motivo? ¿Cómo? ¡Sería irónico! Así que no importaba lo que dijeran, la abuelita ya no quería escuchar. Estaba cansada de tantas palabras de motivación que ya no llegaban a nada. Ya no quería ser parte de esas miradas que le derrumbaban más el corazón, pues su dolor había llegado a hacer tanto ruido dentro de ella como ecos que se le imposibilitó aceptar la ayuda de aquellos que la amaban y le demostraban su apoyo de manera incondicional.

Todo el dolor la cegaba. Cada día era más difícil ver a Zoe cargando margaritas y otras especies de flores para visitar a su mamá y a su papá con su ramo favorito. Era realmente cruel ver cómo se sentaba durante un largo rato a hablarles sobre sus tumbas. Algunos días Bridget lo dejaba pasar, pues veía a la niña feliz, sonriendo como si la vida le trajera respuestas, pero en cambio otros días le dolía el silencio y las lágrimas que acompañaban a su nieta al contemplar las lápidas. Pensaba en cuántas punzadas sentía y cuántas quería evitar.

A pesar de que ella y Augusteen pasaban por el mismo duelo, creían que para Zoe todo pesaba más. ¡Era tan solo una niña! Una niña que días previos a su cumpleaños había perdido a las dos personas que más amaba.

Aunque no hay manera de pesar el dolor porque nadie lo siente igual, lo cierto era que Bridget aun cuando lo negaba se estaba fragmentando más. Existían tardes en las que los recuerdos se volvían su peor enemigo, pero así mismo también había noches en las que soñar y recordar la hacían sentir con vida. Eran como pequeños detalles e instantes que le regalaban fortaleza, al menos la suficiente para no romperse.

A pesar de sus muchas negaciones, Bridget tenía la mirada de un ser roto. Se guardaba las palabras en su pecho y las lágrimas para después, cuando nadie la viera. Quería ocultar lo que sentía sin darse cuenta de que se estaba convirtiendo en una prisionera de su propio dolor.

Su familia quería apoyarla, pero se volvía a negar. No obstante, llegó el punto en que no pudo rechazar más el apoyo que le brindaban sus seres queridos a pesar de sus propias heridas. Con toda la dificultad decidió asistir a terapia, sabía que no sería fácil, pero que el primer paso para acercarse a su proceso de sanación era aceptar que algo no andaba bien y que a veces —por más que cueste aceptarlo— se necesita de alguien más.

Bridget iba a terapia cada martes. Zoe algunos veces la acompañaba, sin embargo; debido a sus horarios no siempre podía. La secundaria, las reuniones y demás le arrebataban tiempo y dedicación, pero aun así esto no impedía que se preocupara por su querida abuela.

Algunos fines de semana —incluso cuando ella misma llevaba una tormenta de nieve inherente a sí— se proponía a hacer un picnic. Sabía que era necesario salir de la rutina. Claro, sin dejar de lado los recuerdos que formaban parte de ellos, del pasado.

Al principio resultaba complicado, porque la muerte, más allá de arrebatarles a personas importantes, les hizo volverse más fríos. Y es que, lo cierto es que después de haberlo perdido todo nada vuelve a ser el mismo. La muerte cambia a las personas. Las daña, las transforma. No hay nadie —al menos yo no conozco a nadie— que haya salido ileso de una pérdida así.

La muerte es algo que duele antes, durante y después porque lo destruye todo, sí, esta provoca dolor hasta en los recuerdos más lindos incluso cuando una parte del alma quiere sonreír, pero ya no puede.

Con el paso del tiempo seguía habiendo dureza en la familia Winkler, pero Augusteen y Zoe sabían mantenerse a flote.

La compañía de sus mejores amigos; Emily y Giulio, hicieron del dolor de Zoe uno intermitente, buscando siempre la forma de distraerla y ocupar su mente en algo diferente y atrayente.

Y sí, para nadie es un secreto que la compañía no suprime el dolor de una muerte, pero también es verdad que de alguna manera logra transformar el sentimiento en una carga menos pesada, pues la presencia de buenos amigos o de personas que saben querer, siempre hará que el dolor golpee con menos fuerza.

Por otra parte, Augusteen se mantenía en pie, aferrándose a la alegría de ver a su nieta crecer. Su sonrisa y su amor eran como una batería que regeneraba su ser, sus pensamientos, su vida.

Los meses pasaban y la niña crecía pareciéndose más a su madre, aunque su sonrisa era la reencarnación de la de su padre.

Tutto andrà bene ❄ ❄ ❄

Eventualmente, con el paso de las sesiones, Bridget mejoró gracias a la terapia.

A pesar de haber necesitado la ayuda de un psiquiatra. En sus cambios se apreciaba que ya se encontraba en control. Volvía a sonreír, acompañaba a Zoe al parque, cocinaba, cantaba y bailaba al lado de Augusteen y de la niña. Parecía que el dolor —por momentos— dejaba de hacer eco en sus vidas.

La vida misma había dado un giro relativamente bueno para ellos. Y, aunque la nostalgia a veces se hacía presente, lograron adaptarse a esa nueva forma de vivir, haciendo que sus almas se reencontrasen con la paz.

En una ocasión, para un concurso de la secundaria, abrieron campo para las personas que escribían poesía y hacían arte. Zoe no se sentía muy convencida, pero sus mejores amigos la motivaron para que escribiera algo y lo recitara ya que tenía la facilidad para expresar sus sentimientos mediante las letras.

Zoe no lo sabía, pero dentro de ella crecía una pequeña escritora.

A pesar de no creer del todo en la fuerza de sus raíces cuando llegó a casa comentó el tema del evento con sus abuelos, dejando en evidencias sus internas ganas de participar. Augusteen y Bridget se sintieron completamente orgullosos de la pequeña. Les hacía feliz ver cómo la niña que crecía con ciertas heridas comenzaba a abrirse a nuevas oportunidades, a nuevos mundos.

Zoe era el motivo de inspiración de ellos. Su barrote. Así que no había nada que desearan más que verla superándose y creciendo.

Los días pasaban y la dulce Zoe sentía más nervios que nunca junto con un bloqueo emocional inoportuno que la privaba de escribir, de expresarse tal y como quería.

Pasó noches frustrada, llorando, pensando que había sido una pésima idea. Asimismo, pasó tardes en las que simplemente sujetaba una pluma y veía las hojas en blanco. Sabía que aquellas necesitaban de su magia, pero aun así no lograba desarrollar o expresar todo lo que llevaba en su pecho.

Sin embargo, en una de tantas madrugadas en las que se vio aplastada por la ansiedad, salió al patio para acostarse en la hierba fresca.

Ese impulso fue todo lo que necesitó para dar a luz a la poesía por medio de sus letras.

L'ho imparato con le lacrime

No sé mucho sobre escribir,
tampoco sé rimar como me gustaría
pero con certeza sé que hoy la madrugada brilla,
que mis padres están en ese par de estrellas
que encaminan hacia a la luna,
sé que están ahí
van a pasos rápidos
para luego volverlos lentos,
seguro me miran,
seguro me muestran el camino a casa;
su nueva casa.

Y no, no se confundan
no sé mucho sobre la vida
solo sé que hay heridas que jamás sanan
y despedidas que se sienten en el alma,
que puede que haya un «hasta luego»
que se convierta en una despedida definitiva,
un «adiós» de esos que no se planean
pero que tampoco se pueden evitar.

No sé mucho sobre el amor
sin embargo algo he aprendido;
ahora sé que si lo busco en medio de la noche
lo puedo encontrar acariciando mi pecho,
ahora sé que puedo sentir el cariño de mis padres

recorriendo todo mi cuerpo
como cuando estaban aquí
junto a mí.

Tampoco sé mucho sobre la muerte
pero con certeza puedo decir
que me arrebató todo lo que quería
y que lo que viene después duele más
que la propia partida,
sé que decir adiós
sabiendo que el tiempo no va a regresar
privándote de abrazar, de besar
es como sentir dardos atravesando el pecho.

Además, sé que la muerte
te puede sorprender
y que no hay nada que duela más
que la llegada inesperada de esta.

Hablando sobre la muerte
debo admitir que
tampoco sé mucho sobre términos médicos
solo que un pitido agudo te acelera el corazón
y te hace colapsar desde adentro
como si no hubiera edad para entender
lo que significa esto.

Además, no sé mucho sobre las distancias
solo sé que se acortan cuando amas en verdad
cuando buscas desde adentro

cuando no piensas en números
sino en los sentimientos de por medio.

Definitivamente no sé mucho,
sin embargo, todo lo que he aprendido
me ha costado un fluir de lágrimas
y unas cuántas heridas que no se ven
pero que se sienten dentro, en el alma,
que estas calan cada vez más
y que el tiempo no sutura las heridas
que solo aprendes a vivir con ellas
porque te resignas al dolor, a las despedidas,
entonces entiendes que llorar
no te traerá de vuelta lo que amas,
que esperar tampoco lo hará,
que no queda más que aceptarlo y continuar
porque en las batallas debes luchar
aunque sea de rodillas
y con el corazón sangrando.

No sé mucho,
pero lo que sé, lo sé con seguridad:
a base de golpes y heridas
por parte de la vida
quien me enseñó siendo tan solo una niña
lo que era estar destruida
porque sin un manual de instrucciones,
sin advertencias ni preocupaciones
me lanzó al vacío,
no obstante, fue ahí,

cuando aprendí a brillar y a volar.

A pesar de toda la oscuridad
conocí mis alas
entonces emprendí un viaje
hacia el punto más alto
y entendí que todo lo que sé
es que la poesía me mantiene viva
y que en el amanecer encuentro
el amor de mis padres,
que ahora puedo escuchar la voz de mamá
en medio del canto de las aves
y puedo sentir los abrazos de papá
en los rayos que se cruzan
a través de mi ventana
cuando recién comienza la mañana
o cuando termina la tarde,
sí, aquí en el punto más alto lo descubrí.

Y no, no ha sido fácil,
me tomó noches y muchas interrogantes
entender por qué de niña me decían que
el dolor sería uno de mis mayores maestros.

Sin embargo, un día crecí
y comprendí que sí,
que mis seres ya no estaban presentes físicamente
pero aun así parecía que habitaban
en todo aquello que me rodeaba
entonces todo fue por ellos.

Fue por ellos que aprendí
a escuchar sus risas en las olas del mar
y sus susurros en las noches más oscuras
cuando me sentía en soledad,
fue gracias a ellos que aprendí a escribir cartas
para entregárselas al viento,
quien mueve mi cabellera
como señal de que las están leyendo,
fue por ellos que aprendí a reconocer sus respuestas
a través de los latidosde mi corazón.

Sí, en medio de la tristeza
comprendí a qué se referían
cuando decían que el dolor
sería mi gran maestro.

De la vida y las lágrimas lo aprendí.

El día del concurso, Zoe subió al escenario sintiéndose fuerte. Los nervios la invadían, se sentía un poco insegura, pero al final estaba convencida de que el haber llegado hasta ahí a pesar de todos sus sentimientos era lo que la convertía en alguien valiente.

—*Ciao*, —saludó con voz temblorosa.

—Antes de comenzar quiero mencionar que no sé si esto tan siquiera se le puede llamar poesía, no sé si lo es, pero lo que les voy a compartir son las letras que de alguna u otra manera le han dado voz a mi alma.

Tomó un profundo respiro, secó sus manos en su falda y se acercó al micrófono:

—"*Lo aprendí con lágrimas*", —comenzó...

En algunas ocasiones era posible notar que necesitaba tomar pausas para continuar. Bajaba la cabeza, luego buscaba con su mirada a sus abuelos y a sus amigos. Se secaba el sudor de sus manos, limpiaba con discreción sus lágrimas y entonces volvía al papel recitando con mayor fortaleza las palabras que tanto le habían dolido.

Augusteen y Bridget la observaban con orgullo, aunque a veces también se les escapaban las gotas saladas. Emily y Giulio por otro lado la miraban con ternura y admiración. Se sentían privilegiados al tener una amiga tan fuerte. No obstante, lo cierto es que la tristeza también los invadía. Jamás imaginaron el peso que tendrían sus palabras ni la profundidad de sus sentimientos...

Cuando Zoe terminó de recitar tenía una sonrisa en su rostro mientras unas cuántas lágrimas rodaban por sus mejillas color rosa. Sonreía, había aprendido a disfrazar su dolor entre las comillas que acompañaban sus labios. Sin embargo, a pesar de todo su esfuerzo por usar ese disfraz, no lograba evitar que la nostalgia le hiciera presión desde adentro. Lo cierto es que en su corazón lloraba desconsoladamente.

Los aplausos comenzaron, pero las lágrimas no cesaron.

Al ver a sus compañeros junto a sus padres, tomando la mano de sus madres, abrazándose, el alma de Zoe se encogió. Sintió una punzada en el pecho y, con discreción, volvió a secar el mar que recorría su rostro. Los aplausos pasaron a segundo plano cuando con velocidad bajó del escenario. Ya nada importaba. Solo quería alejarse del recinto. Salir de ahí. Escapar.

Estando afuera, lo suficientemente lejos de esas personas, comenzó a correr. Corrió como si algo viniera tras de ella, aunque a decir verdad así era; huía de la tristeza que le provocaba aquella escena que dejaba en evidencia la ausencia de sus padres. Le dolía saber que había recitado esos versos en memoria de ellos y no había nada ahí que le abrazara el corazón, que le dijera que Michael y Violette la habían escuchado.

Se sintió acorralada por la nostalgia y el dolor, entonces corrió. Corrió sin mirar atrás. Corrió sin avisar. Quería huir, quería probar la libertad, quería llorar, derrumbarse y caerse en soledad. Quería dejar atrás los versos que le rompieron el corazón al mirar a los demás. Quería escapar. Quería volver atrás. Quería tanto, pero por más que corriera no podía evitar escuchar a lo lejos a su mejor amigo pidiéndole que se detuviera.

Zoe no podía detenerse, no quería que él la viera llorar y luego pensara que era débil por quebrarse. No quería que la contemplara en ese estado de nostalgia, de agonía, así que haciendo caso omiso a su voz, continuó su camino y, cuando creyó que estaba lo suficientemente lejos, se sentó bajo la sombra de un enorme árbol y ahí, en medio de toda su soledad, comenzó a hablar entre sollozos.

—¿Qué tiene la muerte que nos vuelve tan vulnerables? ¿Por qué no podemos ser fuertes cuando de esta se trata? —Pensó en voz alta, jadeante—. ¿Por qué la vida es tan injusta con quienes amamos en verdad? ¿Por qué la muerte llega sin avisar? ¿Por qué no tiene modales para entrar? ¿Por qué no respeta? ¿Por qué no avisa? ¿Por qué tiene que ser tan cruel? ¿Por qué no le basta con llegar? ¿Por qué tiene que permanecer como un sentimiento de dolor? ¿Por qué? ¡Que alguien me explique! —Suplicó entre lágrimas.

—Ojalá pudiéramos contestar esas preguntas, cariño, —respondió Giulio agitado, mientras que Emily apresuradamente se acercaba a ellos.

Al percatarse de su presencia secó sus gotas y girándose con pena volvió a hablar.

—No lo entiendo —confesó—. No entiendo por qué la vida no me permitió abrazarlos una vez más. Para ustedes puede ser sencillo porque no lo comprenden, porque jamás han vivido algo así —sus amigos bajaron la mirada apenados—. Me hago la fuerte, pero por dentro estoy tan rota que mis propios pedazos me vuelven a cortar. Finjo estar bien, pero hasta respirar me duele.

—Zoe…

—¡Lo siento! —Interrumpió sin poder frenar las palabras que necesitaba expulsar—. Lo siento si estoy siendo cruel y haciéndolos sentir mal, pero es que no puedo. Me duele aquí adentro —se dio un golpe ligero con la mano hecha un puño en el lado izquierdo de su pecho—. Me duele el alma, la vida y nadie lo entiende. ¡Nadie lo comprende!

—Todos quieren que esté bien, que sonreía, que no me quiebre, que sea fuerte, pero la vida no funciona así cuando tienes partes rotas.

—Las personas no entienden que la muerte puede cambiarte, que una vez que pierdes a quienes amas todo se vuelve difícil. Nadie comprende que las fotografías dejan de ser memorias impresas y se convierten en sombras que a veces duelen.

—Todos quieren que sonría, que levante la frente y camine como si nada doliera, pero no es tan sencillo…

Hizo una pausa para secarse las lágrimas y luego continuó;

—Las sonrisas que se usan como disfraz duelen más. Todo duele, hasta el despertar, pero nadie lo comprende, —terminó de decir llorando sin ningún control.

Giulio y Emily se sintieron apenados. No sabían qué decir ni cómo actuar. No sabían qué responder si ellos mismos habían pensado que con el tiempo todo sería más fácil. Ambos bajaron su cabeza y abriendo sus brazos se acercaron a Zoe. La abrazaron con fuerza, con la misma intensidad con que la habían abrazado el día del funeral. La abrazaron y se sintieron rotos. Por un momento comprendieron casi por completo su dolor.

A pesar de que se quedaron varios minutos abrazándola, Zoe no fue capaz de corresponderles el abrazo. Se sentía avergonzada por haber abierto el corazón, por decir lo que sentía —como si fuera un delito expresar lo que ahoga—. Lejos de todo eso tampoco quería quebrarse de nuevo y menos en los brazos de sus amigos, esos que siempre buscaban protegerla y ayudarla a sentirse mejor. Después de un rato decidieron darle su espacio. Comprendieron que lo que necesitaba era intimidad, un momento para reflexionar en sí misma, para aclarar sus sentimientos.

Zoe llegó a perder la noción del tiempo mientras estaba ahí, bajo aquel gran árbol escribiendo unos cuántos poemas con la sangre de su pecho.

A veces tachaba las páginas cuando sus lágrimas las mojaban y otras cuando simplemente se frustraba.

—¡¿Qué he hecho, mamá y papá?! ¿Por qué actúo de esta manera si jamás he sido así? —Exclamaba enojada, aunque el enojo fuera consigo misma—. ¡El dolor verdaderamente transforma a las personas! Mírenme, me desconozco. Yo no quiero ser así. Jamás pedí ser así. Yo no quiero dañar a quienes me rodean, yo no quiero causar dolor en los demás, —dijo haciéndose pequeña.

—Yo no quiero ser así, —repitió secándose las lágrimas.

Después de unas horas se dirigió al salón. Sus abuelos se encontraban asustados, tanto que en lugar de preguntarle dónde estaba, lo único que hicieron fue abrazarla.

—Lo siento, —murmuró con una apenada sonrisa mientras se secaba los rastros del lamento—. No me percaté de la hora, —expresó escondiendo su rostro en el pecho de su abuela.

—Está bien, pequeña, está bien.

Ese día Zoe ganó el concurso. Su poesía había logrado conmover el corazón de los jueces y del público entero. Ella no estuvo ahí, no pudo presenciar su logro ni el impacto tan fuerte de sus palabras, pero aun así, sus abuelos no pudieron contener aquella gran noticia. Sabían que de cierta manera, eso le permitiría a Zoe sentir un breve estremecimiento de alegría.

Piccole meraviglie

El tiempo seguía pasando y cada vez parecía ir más rápido. Algunos días tenían el aroma a primavera y otros tan solo dolían. Sin embargo, nada los detenía.

La «pequeña Zoe» dejó de ser tan «pequeña». Pronto alcanzó la etapa adulta. Ya tenía 18 años y todos sus rasgos habían cambiado, pero aun así no perdían la esencia que sus padres habían pigmentado en sus genes.

Sus ojos seguían siendo grandes y verdes, aunque a veces tenían el color del cielo en una tarde de verano. Sus labios todavía tenían su aspecto voluminoso, pero delicados. Ese rosa pastel les favorecía. Su cabello estaba más largo y la estructura de su rostro era una combinación exacta de Violette y Michael. ¡Era una adulta preciosa! Su salud mental había mejorado, su lado triste se iba borrando, iba desapareciendo a pesar de los rastros.

Se había convertido en la persona más valiente que alguna vez conocí.

El tiempo no solo trajo su edad adulta, sino que también trajo consigo el baile de graduación. Faltaba muy poco para ese gran día, sin embargo, Zoe tenía miedo de ir y de llorar —después de mucho— en público.

Además, no podía evitar cuestionarse con quién bailaría si sus abuelos ya eran mayores y sus mejores amigos ya eran pareja. La ponía triste el imaginarse bailando sola en el gran salón, pero aun así, no decía nada.

No obstante, una tarde mientras veía películas con sus abuelos, no pudo seguir escondiendo su semblante preocupado detrás de un «son solo los exámenes».

Eventualmente tuvo que compartir su inquietud, por muy vaga que resultase.

—¿Qué pasa, cariño? —Preguntó su abuelito.

—No, ya sabes, son los exámenes finales.

—Llevas meses diciendo eso. Sabes que no es necesario que escondas algo, ¿verdad?

Zoe se sintió acorralada, avergonzada.

—Es el baile, sabes, —confesó sin mirarlo a los ojos—. No quiero ir. Sé que si voy me sentiré muy triste.

—¿Por qué?

—Porque no quiero bailar sola, —dijo.

—Oye, pero me tienes a mí, ¿o yo no cuento? —Preguntó Augusteen fingiendo un tono ofendido.

—Oh, no, no es eso, abuelito, —dijo Zoe riendo nerviosa—. Es solo que, ¿en serio bailarías conmigo?

—Yo bailaría contigo hasta el fin del mundo, —confesó Augusteen con tono tierno—. Ahí estaré, seré tu compañía si decides concederme una pieza.

El rostro de Zoe se pintó de emoción. Le causaba mucha ilusión llegar a compartir su baile más importante con alguien tan especial como lo era su abuelo.

—Muchas, muchaaas graciaaas, nonno, —dijo dándole un beso como muestra de su agradecimiento por su bello gesto.

Desde el otro lado de la cocina, la abuelita los miraba con dulzura, sintiéndose orgullosa de su querida nieta y de todo el amor que habían inculcado en ella.

Después de ese suceso tan emotivo, aconteció algo terrible. El abuelo comenzó a enfermar. Durante varias semanas sucedió un pánico electrizante. Él aseguraba haberlo sentido antes, reconociendo el estremecimiento que acompaña de la mano al miedo. Sin embargo, estaba equivocado. Acabó enfermando.

Cada día se sentía más débil, se veía más pálido y siempre estaba fatigado. A pesar de las evidencias tan obvias se excusaba diciendo que no era nada, que tan solo era parte de su vejez, que por eso también perdía peso. No obstante, la verdad no tardó mucho en salir a flote.

La situación empeoró. Moretones le aparecieron de repente, su dolor de huesos se volvía cada vez más intolerable, estaba incrementando sin ningún control, así que accedió a ir al hospital. Una vez allí, fue sometido a exámenes que determinaron su problema.

—Señor Winkler, —exclamó un enfermero—. Todos estos síntomas que había presentado eran señal de que algo estuvo pasando, —hizo una pausa—. Lamento decirle que se ha desarrollado una leucemia aguda...

La noticia los ahogó, sonándoles como un graznido.

El alma de Bridget pareció haber saltado de su pecho mientras que Zoe, incluso al llegar a casa, no dejaba de repetir que había sido error de los médicos.

—No, no me parece, —dijo con enojo—. Deberían hacerle más estudios. No pueden llegar y lanzar un resultado así porque así. Es cierto que ha perdido de peso, pero aun así no está en tan mal estado como dicen ellos, —expresó esta vez con tono angustiado.

No obstante, Augusteen era un hombre consciente que entendía su cuerpo.

—No. Creo que los resultados están bien, —exclamó.

—No quería reconocerlo, pero ha llegado la hora. Creo que tiene razón, todos estos síntomas han sido la voz de mi cuerpo anunciando que algo no está bien. No es solo la edad, no he estado bien, de verdad no lo estoy, —dijo secándose rápidamente la lágrima que mojaba su mejilla.

Después de confesarlo en alta voz sintió que la noticia le destruyó el corazón. No por lo que él sentía, sino por su amada esposa y su estimada nieta, a quienes nunca imaginó que tendría que decirles adiós.

El imaginarse un día en una sala de funeraria, con ellas ahí, llorando desconsoladamente, lo hacían sentirse el hombre más impotente. Realmente se le hacía difícil aceptar que ese día llegaría. No estaba preparado. Se sentía asustado, muy angustiado.

—¿Cuánto tiempo me queda? —Inquirió Augusteen directo, con tono seco, en una de las tantas consultas que Zoe y Bridget lo obligaban a acudir.

Intentaba dirigirse firme, sin titubeos, como si no tuviera miedos cuando por dentro sentía que se ahogaba en su propio temor.

—¡Abuelo! —Reprochó la nieta—. Todo va a salir bien. No tienes por qué preguntar eso porque todo mejorará. Ya verás.

—Lo siento, —el médico parecía estar acostumbrado a ese tipo de reacciones, por lo que solo se dirigía al señor Augusteen—, lo cierto es que le quedan alrededor de tres meses, aunque si la enfermedad avanza con prisa, puede que su tiempo se acorte.

La incomodidad arropó la sala. Ese horrible lugar donde el frío se sentía como si estuviera calando hasta los huesos.

Ahí los únicos sonidos que se rescataban eran los sollozos; los pasos de los médicos corriendo de una habitación a otra; las enfermeras contando sus anécdotas. Voces, máquinas y más pasos a lo lejos.

Sin embargo, en aquel pequeño recinto, donde estaba una familia formada por tres, dominaba el silencio y la incredulidad. Nuevamente enmudecieron. Ninguno era capaz de decir nada. Sentían miedo.

De camino a casa, Zoe solo miraba hacia el cielo, se encontraba perdida entre la nieve que caía rápidamente sobre el suelo. Bridget optó por el silencio mientras su mirada estaba fija en la carretera que absorbía sus silenciosas lágrimas. Augusteen, por su parte, con un molesto nudo en la garganta carraspeó un par de veces sin siquiera obtener alguna reacción.

—¡Basta ya! —Exclamó el señor Winkler—. Sigo aquí y su silencio distante me duele más que la misma enfermedad. ¡Carajo! —Refunfuñó—. Puedo percibir las lágrimas que quieren ocultar, pero ¿quién les dijo que la pena no puede vivir fuera de nosotros? Todavía no me he ido. ¡Y sí! Quizá mi enfermedad ya no tenga cura, quizá ni la misma quimioterapia pueda salvarme, pero las tengo a ustedes y el tiempo corre, —suspiró reflexionando en sus propias palabras—. Joder, que no se detiene... El tiempo no perdona.

No pudo evitar dar un par de golpes impotentes al volante del auto. Apretó sus manos alrededor, haciendo que sus nudillos se tornaran en color blanco. Retuvo la respiración por un instante sin evitar preguntarse cuál sería su último aliento. En aquel momento se sintió más triste, frágil, débil. Sintió que se fragmentaba con el paso de los segundos. El reloj volvía a marcar fuertemente su tic tac.

Después de un rato logró recomponerse y entonces continuó.

—¿Vamos a pasar mis últimos días sin poder mirarnos? Es una pregunta difícil, lo sé —reconoció—. Pero, así como a ustedes, a mí también me duele. Díganme, ¿vale la pena pensar en lo injusta que es la vida? Esto no nos va a solucionar nada, al contrario, solo nos quita y nos quita cada vez más —una risita espontánea se le escapó—. No quiero pasar mis últimos días así.

—Todavía hay mucho que quisiera hacer con ustedes, como ir por un helado mientras visitamos a nuestros amados, ir por un té a nuestra cafetería favorita como en los viejos tiempos cuando nos perdíamos entre risas mientras que tú, Zoe —la señaló a través del retrovisor—, te quedabas mirando a través de las ventanas inventando historias al compás de la nieve.

—No, yo no quiero perder los meses que me quedan de vida bajo un silencio imponente. Yo quiero que vivamos cada día como si fuera el último. Quiero que grabemos cada instante en nuestras memorias. Quiero que el día que me vaya de aquí sus corazones queden llenos, que el tiempo que venga después sea para recordar y reflexionar en lo que hicimos y no para arrepentimientos sobre lo que no se llevó a cabo, ¿de acuerdo?

—Totalmente. Perdónanos por eso, —dijeron al unísono, sin embargo, Augusteen solo sonrió tratando de ocultar toda la presión que estaba sintiendo dentro de sí. No quería evidenciar sus sentimientos más tristes.

Después de esa conversación, Bridget y Zoe se secaron las lágrimas y, sin más que un «te amo», abrazaron a Augusteen al bajar del coche.

Por primera vez en años nunca estuvieron tan unidos como en aquel instante, como en aquel abrazo.

Sin esperar mucho, su aventura comenzó. Los tres, como si nada hubiera pasado, se dirigieron a la cafetería *Lavena* al día siguiente. Iban riendo, haciendo bromas; el alma se sentía liviana. El miedo huyó de sus cuerpos y volvían a ser una familia feliz. Al entrar suspiraron levemente como si en el aire se mantuvieran todos aquellos recuerdos que, como familia, habían construido con el paso de los años. Era como si la brisa los hubiera guardado mientras preparaban su regreso.

Esa vez fue una noche diferente, una noche en la que brindaron con el mejor vino y comieron el mejor postre de aquella antigua cafetería. Se convirtió en una velada de carcajadas pareciendo que celebraban el mejor de sus días.

A pesar de todo el dolor que sentían, las risas dominaron el lugar.

El tiempo seguía pasando y cada vez estaba más cerca el baile de despedida, lo que también significaba que al señor Winkler le golpeaba con fuerza la enfermedad. Para ese entonces ya caminaba con dificultad, teniendo Zoe y Bridget que guardar silencio para no incomodarlo.

Ambas se percibían como una vela que, en algún punto, se acabaría apagando. Sin embargo, se mantenían firmes ante Augusteen. Evitaban angustiarlo, por lo que no decían nada.

Tan solo intentaban disfrutar de los días que aún les quedaba.

Come se fosse il mio ultimo giorno

Cuando llegó la ocasión del baile, Zoe no tenía planes de asistir. Su intención era pasar hasta su último minuto con el abuelo, sin perder tiempo lejos de él. No obstante, Augusteen llegó con dos hermosos vestidos y un traje elegante y, dirigiéndose a ellas, les sonrío levantando con entusiasmo los atuendos.

—Esta noche será nuestra noche, —exclamó con felicidad.

—Pero tú estás cansado, *amore*, —dijo Bridget— debes tener reposo.

—Estoy bien. Hoy me siento mejor que nunca porque nuestra querida nieta culmina otra etapa de su vida. ¿Cómo podría perderme de eso? No, no. ¡Vamos!

Zoe rompió en llanto y se aferró a los brazos de su abuelo, quien con ternura le secaba las lágrimas mientras le decía que brillaría en la noche y que él estaría ahí para apreciarlo, que no debía preocuparse por nada.

—No te quiero perder —susurró Zoe volviéndose pequeña otra vez—. Quédate conmigo una vida entera, por favor.

Augusteen solo pudo abrazarla con vigor.

Vestida de rojo, con sus cabellos negros en un moño acompañado de rizos, bajó la joven hacia el primer piso; sus ojos verdes lucían cristalinos. Los señores Winkler se quedaron admirándola sorprendidos. ¡Su pequeñita nieta se había convertido en toda una muchacha! ¡Estaba cada día más preciosa!

Cuando llegaron al lugar asignado para el baile se percataron de inmediato que las mesas, la decoración, todo era maravilloso hasta dejar embelesado a los presentes. Después de un rato las charlas emotivas comenzaron. Saludaron a los participantes. Una chica dio el mensaje bonito para comenzar la mejor noche de toda esa etapa y mientras ella hablaba la generación secaba las lágrimas que salían al compás de sus bellas palabras.

—¡Ahora sí! —Gritó con emoción—. Ha llegado nuestro momento.

La noche iba transcurriendo lenta, el brindis, los saludos, las fotos, todo despacio, pero ameno. La música de fondo traía consigo frases inolvidables. Todo era hermoso. Zoe realmente lo estaba disfrutando.

Sin embargo, al instante de bailar el vals Zoe no hizo el intento de levantarse. No quería forzar a su abuelo a nada, no quería ponerlo en riesgo. Augusteen, por su parte, se aproximó hasta ella, estirando su mano.

—¿Me concedes este baile?

Los ojos de su nieta se abrieron aún más dejando al descubierto ese precioso verde que no dejaba de brillar. Con una espléndida sonrisa tomó la mano de su abuelo quien a paso lentos la llevaba hacia la pista de baile. Bridget desde la mesa los contemplaba. Estaba admirada ante tanta belleza y tanto amor. Se sentía plena, muy feliz, tanto que después de unos minutos tuvo que secar el par de gotas saladas que recorrían sus mejillas arrugadas como el pergamino.

Me gustó imaginar que una lágrima era de felicidad y la otra de nostalgia. Ella estaba grabando lo que serían sus últimos recuerdos.

Mientras Zoe bailaba con su abuelito, él le susurró al oído que, pasara lo que pasara, siempre iba a estar orgulloso de ella.

—Has sido el mejor regalo —no se podían ver perfectamente debido a la luces, pero eso no impendía que no se pudieran sentir—. Te amo sobre todas las cosas. Fuiste y has sido mi motor durante todo este tipo. Es por esto mismo que sé que eres fuerte. Solo tú podrías haberle dado vida a este cuerpo moribundo, —expresó.

—Siempre serás la pequeña Zoe, aunque ya seas más alta que yo —en aquel instante ambos soltaron una risa al unísono. Solo entonces, ella supo que estaba llorando por lo salado de sus lágrimas—. Si algún día dejo de estar, búscame en tu corazón, ahí me encontrarás. Estaré en cada latido si no me llegas a olvidar, —continuó diciendo su abuelo—. Tendrás que cerrar tus ojos y permitirte sentirme, porque ahí estaré, siempre junto a ti, mi pequeña.

Zoe se detuvo para poder mirar a su abuelo. Le estudió el rostro con miedo, con el terror de algún día no poder recordar sus facciones, el sonido de su risa o el reflejo de su rostro de mujer en los ojos de un auténtico hombre.

—Gracias por ayudarme a crecer, —tomó de sus manos con ímpetu— por estar aquí siempre. Gracias por no abandonarme, por cuidar de mí, por estar presente en cada una de mis etapas. Gracias por ser mi confidente, mi lugar seguro. Gracias por bailar conmigo esta noche y por grabar en mi memoria los mejores momentos. Gracias por amarme y cuidarme como lo has hecho. Sin ti no sería tan fuerte, —dijo Zoe hundiéndose en el pecho de Augusteen mediante un abrazo.

—Ha sido un placer ser tu abuelo, acompañarte en estas etapas, —contestó. Fue entonces cuando el atisbo de una sonrisa natural, quebrada, pero sin dejar de ser sincera, brotó de los labios de Augusteen.

—Vamos con la abuela. De seguro quiere también a este viejo señor, —dijo riendo.

A lo lejos se podía apreciar a aquella hermosa pareja bailando un vals desde todo el amor de su vida…

Después de eso el tiempo pasó sin escrúpulos, veloz, pero sin olvidar llevarse a Augusteen de la mano. Desde entonces ya nada resultaba igual para Bridget y Zoe, aunque esta vez no dejaron que la depresión entrara a sus vidas. Sabían que sumergirse en la tristeza terminaría consumiéndolas por completo, privándolas de disfrutarse como merecían.

Si algo aprendieron una al lado de la otra es que la muerte normalmente llega y sacude el alma por sorpresa, así que después de todo ese aprendizaje decidieron vivir sus días como si fuera el último, tal y como se los había enseñado Augusteen.

Pasados los meses Zoe había comenzado la universidad aventurándose en la carrera de medicina. Tuvo tantos encuentros con esta rama de la vida, que no encontró un mejor propósito para la suya que luchar por salvar aquellas que querían vivir con fervor.

Se había apasionado tanto que estaba dispuesta a vivir cada instante de su vida ahí; luchando día a día por el bienestar de los demás. No quería que nadie tuviera que pasar por todo el dolor que ella vivió y estaba por vivir. No quería tener los conocimientos y no aplicarlos. Zoe era consciente de que no todas las vidas se podían salvar, pero también sabía que algo podía hacer, que al menos podía darle un poquito de esperanza a las almas como la de ella.

Con la llegada de los años, su querida abuela, Bridget, comenzó a presentar síntomas de Alzheimer. Entonces su dedicación por conocer acerca de esta enfermedad y estudiarla fue incrementando hasta maravillarse con la mente misma del individuo. Sin embargo, a veces la envolvía el miedo de que se perdiera, por lo que evitaba dejarla a solas durante mucho tiempo, aun así, Bridget constantemente le insistía que saliera, pidiéndole que no desperdiciara su juventud.

—Cariño, la vida no solo somos la universidad y yo. Debes salir, divertirte, continuar con tu vida. Deberías salir con tus amigos, hace mucho nos los ves, ¿cierto? —Preguntaba con inquietud.

Lo que nunca recordaba ella, era que Emily y Giulio se habían ido a estudiar a otra ciudad. Era una razón más por la cual tampoco salía, pues ellos eran sus únicos amigos cercanos, quienes la acompañaron y la comprendieron a pesar de que jamás habían pasado alguna situación similar.

Zoe trataba de hacer caso omiso a todos esos cambios, pero era imposible no romperse al compás de esas frases. Era evidente que su abuelita estaba empeorando.

—¿Qué tiene esta familia o qué tengo yo que siempre termino perdiéndolo todo? —Se preguntaba llorando.

Sin embargo, sabía que nunca sería capaz de encontrar una respuesta así que solo se resignaba a aceptarlo y a luchar con las pocas fuerzas que le quedaban.

Caffetteria Lavena ❄

Un viernes 22 de enero de 1999, la señorita Hussein decidió salir por un té. Portaba un vestido rojo, una campera negra y sus botas favoritas. Se dirigió hacia la *Caffeteria Lavena*, aquella que a causa de algunos malos recuerdos había dejado de visitar, pues después de la muerte de Augusteen, perdió el valor y las ganas. Sentía que le traería recuerdos que en el fondo le iban a doler. Sentía miedo y además, con su abuela enferma y encerrada en un asilo, lo que menos quería era salir.

No obstante, no podía dejar de percibir que debía enfrentar sus miedos y revivir sus recuerdos. Sabía que su abuela tenía razón. ¿Y qué mejor lugar que aquella cafetería?

A las 21:00 menos cuarto, Zoe llegó a su antiguo lugar favorito, aquel sitio que marcó su infancia y su adolescencia. Titubeó a la hora de entrar, ya que no estaba segura de dar ese paso, pero después de unos minutos, armada de valentía, cruzó a través de la puerta.

Para su sorpresa el espacio no había cambiado mucho. Las mesas seguían igual, tenían el mismo estilo, aunque su decoración sí variaba en color. Ya no eran blancas, sino ocre pardo oscuro, y sus cortinas blancas estaban levemente decoradas con un beich. Algunos rostros eran nuevos, pero fuera de eso, todo seguía siendo igual. Incluso hasta el ambiente frío que conservaba sus recuerdos.

Pasaron varios minutos desde que se decidió por una silla cerca de la ventana como solía hacerlo de niña. Llegó y se quedó ahí, naufragando entre sus pensamientos, perdida entre aquellos instantes que la azotaban desde adentro, justo en su pecho. Se quedó atrapada sin reparar que entre sus manos una taza de té la esperaba.

Algunos chicos se le acercaban, pero pasaban desapercibidos de Zoe, quien no dejaba de mirar a través de la ventana. Los minutos pasaban y parecía que entre la nieve sus memorias bajaban. Copo tras copo, una lágrima se deslizaba.

Cayó en la realidad cuando una canción conocida comenzó a sonar por cada rincón. Se trataba de la canción que bailó en su vals junto a su abuelo Augusteen.

Y ahí, de vuelta a la vida real, lo vio…

No estaba sentado frente a su silla ni tampoco estaba sirviéndole más té, pero ahí estaba frente a sus ojos, viéndola con una sonrisa dulce. Zoe, un poco avergonzada, secó sus lágrimas rápidamente y, con una tímida mirada, le devolvió la sonrisa.

—Buenas noches, señorita —dijo el chico al acercarse—. Disculpe si le he intimidado; esa no ha sido mi intención.

Zoe se pasó unos mechones de su cabello detrás de la oreja. Siempre que alguien nuevo le hablaba, esa era su forma de reaccionar, creía que de esa manera evitaría el color rosa en sus mejillas.

—No te preocupes, —su tono resultó tembloroso— más bien discúlpame si ha sido al revés.

Ahí comenzó una conversación improvisada, llena de nervios y tímidas sonrisas.

Ese fue el comienzo más absurdo jamás vivido. Sus palabras ni siquiera tenían sentido, pero ahí estaban ellos: sentados, esta vez uno frente al otro con una copa de vino, platicando de la vida como si tuvieran años de conocerse y no unos cuántos minutos.

Sin embargo, Zoe decidió reservarse sus tragedias y Dereck, el chico de la cafetería, no quiso ser inoportuno preguntando acerca de sus lágrimas. Prefirió buscar la manera de hacerla reír y una vez, cuando el vino ya se les había subido un poco, él la volvió a ver y, algo apenado, le preguntó si quería bailar un vals al ritmo de la nieve que caía.

Se le asomó una sonrisa espontánea, resplandeciente. Era la propuesta más loca que le habían hecho.

—Será un placer, —aceptó.

Al salir de la cafetería y estar al otro lado de las puertas y de las ventanas, comenzaron a bailar. No podían evitar reírse de lo que estaban haciendo. No obstante, a pesar de que ella era realmente mala bailando, sus pasos no se enredaron ni una sola vez. Parecía que la música que imaginaban hacía de las suyas y que los latidos de sus corazones los dirigían como si se estuvieran esperando durante todo aquel tiempo. ¡Parecían almas destinadas!

Después de un largo rato, la nieve dejó de caer y las luces de la cafetería se apagaron. Sus sentidos volvían lentamente así que con una sonrisa tímida, pero de complicidad se separaron.

—Gracias por concederme esta pieza —pronunció Dereck haciendo una graciosa reverencia—. Ha sido un verdadero placer bailar contigo, —rio.

—Gracias a ti, por esta noche —agradeció Zoe con pena.

Seguidamente se despidieron, mas no intercambiaron número ni una dirección, tan solo el nombre. Sin embargo, con el paso del tiempo, eso bastó para convertirse e insomnios, en un pensamiento constante y en algunas sonrisas repentinas.

Más allá de ser un constante pensamiento, aquel evento también se convirtió en un misterio para Bridget y los padres de Dereck.

Bridget siempre llegó a sospechar que algo sucedía, sin embargo, a pesar de las visitas constantes de Zoe al asilo, ella aún no le confesaba aquel gran evento que había tenido el placer de vivir. No lo hacía, hasta que una tarde estando las dos sentadas sobre el césped viendo el lago y el atardecer que se formaba al otro lado, Bridget comenzó a contar la historia de cómo había conocido a su amado Augusteen.

—Era una tarde de verano, —suspiró como si al exhalar pudiera volver a ese momento—. Caminaba por las calles mientras paseaba con mi madre. Había un chico alto, muy guapo que me miraba y nos saludaba con la mano. Era mi vecino, pero jamás lo había visto de cerca hasta aquella tarde, ¿puedes creerlo? ¡Prácticamente habíamos crecido juntos! ¡Fuimos hasta a la misma escuela! —Exclamó.

Zoe y Bridget no pudieron evitar soltar una risa cómplice, melancólica.

—Mi mamá, quien estaba enferma, me hablaba sobre él. Decía que era un gran muchacho, que conocía a su madre y que le gustaría que fueran un día a la casa a tomar el té. Al principio sentía muchísima pena, pero aun así mamá los invitó.

Al fondo se escucharon unos gritos. Zoe, al dirigirse al sonido, vio a unos pequeños que revoloteaban alrededor de una señora de bastante edad. Ella les sonreía, con su cabello blanco moviéndose al ritmo del viento, dejando como evidencia todas las vivencias que llevaba dentro.

—Él por supuesto aceptó y no perdió tiempo —continuó Bridget con una risa—. Se pasaba por mi casa cada tres días con la excusa de saludar a mi madre, pero a veces me llevaba flores como todo un caballero. Después de un tiempo comenzamos a salir e íbamos a una heladería que quedaba cerca de donde vivíamos, quedándonos horas hablando, riendo —negó con su cabeza con la mirada gacha— el tiempo simplemente no nos alcanzaba, Zoe, —confesó.

—Una noche llegó vestido elegante y yo estaba despeinada, totalmente impresentable —su voz resultó muy horrorizada ante el recuerdo como si Augusteen se estuviera burlando de ella—. Sentía demasiada vergüenza, pero él solo sonrío y dijo que lucía hermosa, ¿te imaginas? Aun así la pena que sentía era increíble, entonces él se quedó hablando con mi madre mientras yo me vestía decentemente. Cuando volví a salir, él estaba ahí, medio arrodillado con un anillo. Mi corazón no dejaba de latir con fuerza, con rapidez. ¿Qué está pasando? —Me pregunté con nerviosismo.

Hizo una pausa larga y Zoe tuvo temor de que hubiese dejado ir el recuerdo, que la dejara ante la expectativa de conocer una historia de amor que sí cumplió su promesa de un *para siempre.*

—Pensé que estaba loco —al volver a soltar las palabras, finalmente observó a su nieta—. Me preguntó, con voz temblorosa y graciosa, si quería casarme con él. Pude sentir el amor salir por sus labios, —admitió.

—Fue realmente hermoso —terminó de decir Bridget con unas cuantas lágrimas rodando por sus mejillas rosadas—. El resto tú ya lo conoces.

—Hoy me desperté recordando aquella hermosa coincidencia y te la cuento, porque si la vuelvo a olvidar, me gustaría que me la contaras. No la quiero dejar en el pasado, no otra vez.

—No la olvidarás, mamá Bridget —Zoe sonó segura, apretándole la mano. La textura arrugada con la suya lisa evidenciaba el parentesco entre ambas—. No lo harás, y si lo hicieras, aquí estaré para contártela. Gracias por compartirla conmigo.

Seguidamente secó la humedad del rostro de su abuela con gentileza.

—Puedo reconocer tu magia, querida, ese brillo en tus ojos te delata, —destacó Bridget con ternura.

Zoe explotó en una carcajada.

—Tú sí que me conoces, ¿eh?

Ambas comenzaron a reír. Por una tarde, nuevamente, todo volvía a ser "normal", así que Zoe aprovechó para contarle todo lo de aquella noche.

Además, le confesó que Dereck se le había metido tanto en la cabeza y en el pecho, que había noches en las que no podía dormir preguntándose por él, por el misterio que tenían sus ojos y su sonrisa.

—Lo sabía, —dijo riéndose—. Ve a buscarlo en la cafetería. Sé que lo encontrarás, querida, —le incitó Bridget guiñándole un ojo a su nieta.

Al terminar su hora de visita ambas se levantaron y cada una tomó su rumbo, sin embargo, en sus corazones aquel tiempo se quedó haciendo eco.

Ti aspettavo

El domingo 03 de febrero del mismo año, una tarde cualquiera cautivaba a las personas que se permitían observarla.

Los árboles estaban cubiertos por nieve, obligando a caminar con un abrigo así que muy pocos se exponían al invierno, pero entre ese «*poco*», iba Zoe. Llevaba una campera que ocultaba su hermoso vestido negro. Le encantaba sentir el frío recorriendo su cuerpo, así como disfrutar de la nieve que caía levemente sobre su cabellera oscura.

Al ser las 15:20 llegó a la cafetería. No solo iba en busca de su té favorito, pero para su sorpresa, fue lo único que encontró. A pesar de su intento fallido, se quedó un par de horas mirando hacia la puerta y a través de las ventanas. Guardaba la esperanza de encontrarse con aquella piel morena y el misterioso azul que pintaba los ojos de Dereck. No obstante, su espera volvió a ser en vano. Él no apareció. Era demasiado para pedirle al destino.

Rendida, decidió alistar sus cosas para pagar la cuenta. Cuando ya estaba por irse se acercó don Benedetto. Un señor de unos 60 años, alto, muy blanco, lo cual le permitía que resaltaran sus ojos verdes, aunque su aspecto robusto no pasaba desapercibido.

Estando ahí, Zoe rememoró todas esas veces en que su familia se dirigió a él como el dueño de la cafetería.

—¡Espera! —Exclamó el señor—. Eres Zoe, ¿cierto?
Zoe estando un poco sorprendida, asintió.

—Claro —continuó diciendo Don Benedetto—, recuerdo haberte visto antes acompañada de los Winkler. Eras tan solo una niña, no creo que me recuerdes, pero soy Benedetto. Fui amigo de tus padres.

Su rostro se tornó de empatía, pero sus ojos desprendían un poco de tristeza.

—Lo siento, —terminó de decir con aire nostálgico.

Sus palabras calaron en el pecho de Zoe. La herida ya estaba abierta, pero nunca paraba de arder. Sin embargo, a pesar de todo lo que sintió con esas pequeñas frases, la señorita se limitó a sonreír con cortesía.

Benedetto rápidamente extendió su mano dejando al descubierto un sobre color lila. Tenía un sello y unas pequeñas letras que decían «*per la ragazza del valzer*».

—He venido a darte esto —comunicó—. Dereck, mi sobrino, quería dártela personalmente, pero como no habías venido antes, me pidió que te la diera en cuanto te volviera a ver por aquí.

Para Zoe fue imposible ocultar la sonrisa de su rostro y aquel brillo en sus ojos que ligeramente la delataba.

—Gracias, Don Benedetto, —tartamudeó—. No sabía que eres su tío.

Él solo sonrió y, alejándose, le deseó una linda tarde.

De camino, entre los pasos que daba, la chica iba abrazando aquel sobre con el deseo de conocer cuál era su contenido. Al no poder contenerse más, se sentó en una banca en medio de un parque y ahí, con sus manos temblorosas, su corazón agitado y con mil pensamientos a flote, decidió abrirlo:

Un valzer al ritmo dei battiti

Hay noches maravillosas
algunas semejantes a las de este invierno
como la de que aquel vals
y es que sucede que
una noche, de repente,
tienes a un ángel enfrente
dejando al descubierto dos almas sonrientes,
con sus miradas conectadas
y sus corazones en llamas.

Una de esas noches
donde los sentimientos flotan
y hablan por los dos mediante pasos.

Una de esas noches
que te grabas en el pecho
y se convierte en insomnios,
en constantes pensamientos.

Una de esas noches mágicas
en las que, aunque pase un milenio
el efecto de aquel momento seguiría ahí,
haciendo eco en los recuerdos,
en el presente.

Una noche tan mágica como la nuestra
donde sentí cómo una chispa de ilusión
guiaba nuestros pasos en medio de la nieve.

No sé si fue el vino o el destino
pero en tu mirada vi un brillo
el mismo que vi en mis ojos a través del espejo,
este mismo que sigue aquí
mientras escribo para ti
y no sé qué había en aquel ambiente,
en aquella canción o en aquel lugar,
solo sé que algo nos conectaba,
que nuestros corazones se buscaban.

No sé si te pasó
pero yo así lo sentí
y esa es la razón
por la que te fui a buscar.

Tenía la esperanza
de encontrarme contigo,
con tus ojos verdes
y esa tímida sonrisa.

Tenía el deseo de invitarte a un té
si me lo permitías
y platicar contigo de la vida,
esta vez más cuerdos,
más abiertos.

Con cariño:

Dereck Hoffman.

PD. Si esta carta llega a tus manos, es porque no logré verte nuevamente por la cafetería, aunque tengo la esperanza de coincidir contigo, algún día, en cualquier lugar...

Zoe volvió a guardar el poema en el sobre, lo acercó a su pecho y sonrió a la espera de una nueva coincidencia.

Entre el Dolor y el Amor

He visto la vida pasar entre tanto dolor y amor, que cuando me preguntan si voy a querer una eternidad, yo quiero hacer esa promesa, pero en realidad nada es para siempre.

Muchas veces queremos ver más allá del amor que ya tenemos, buscando en otros cuerpos, otros rostros, otros labios, otros brazos y en otros ojos lo que ya tenemos frente a nosotros.

Sé que a veces una desilusión puede causar muchas lágrimas, pero nada se compara con la pérdida de las personas que en el fondo amamos porque nos regalaron la vida, su tiempo, sus instantes y cada momento que vive presente en nuestra memoria.

Ya he experimentado la pérdida de malos amores, pero por dicha todavía no me toca pasar por el grande dolor de perder a mis padres. Estoy consciente de que, tarde o temprano, esos días llegarán, por lo que tan solo queda disfrutar del ahora porque el tiempo no perdona.

Existen personas que a temprana edad tienen que pasar por todas esas vivencias y que se quedan marcadas por siempre. Debo admitir que admiro cada parte que construye su alma hecha pedazos porque no es fácil vivir con ese sufrimiento… Y tampoco es fácil la forma tan increíble de superar y restaurar cada destrozo que habita en su interior.

Abraza, abraza a esas personas que quieres. Aprende a querer a quienes te quieren porque el amor también nace de ahí: de quienes extrañas cuando te encuentras en soledad y de quienes piensas en cuando todo está por acabar. Verás que esos momentos vas a valorarlos y aún más cuando ya no tengas a esas almas a tu lado.

Quizás exista un más allá donde puedas encontrarlos, pero la tristeza de su ausencia, y pensarlos en los tiempos de nieve, nadie podrá evitarlos porque a pesar de tener esas ganas de seguir adelante, de cumplir con cada uno de tus sueños y perseguir cada una de tus metas, al final quieres parar el tiempo y abrazar a quienes pueden irse en un parpadeo.

El destino tiene muchas sorpresas. Puedes encontrar el amor antes que el dolor. Este, que puede llegar primero, obligándote a vivir el futuro antes de destiempo. Sobrepasar cada barrera y aprender de los caminos de la vida para que, después, llegue esa tarde.

Esa tarde en donde te encuentres frente a un café y descubras en unos ojos que, entre tanto dolor, también existe el amor, el mismo que es capaz de superar todo y devolverle el brillo al corazón.

"Buscaré en otras vidas a quienes ya se fueron, amaré a quienes ahora están, y voy a perdonar a todos aquellos que se fueron sin avisar".

Jairo Rogelio Carrera Guerrero
@jaiiwriter
Oaxaca, México, 09 de noviembre de 2020

L'ultimo ricordo lasciato

dalla tua morte

"He conocido muchas maneras de morir, pero ninguna se compara a la forma en que morí el día en que dejaste de respirar".

El día en que partiste de aquí sentí que se me acababa el mundo, de pronto el aire no llegaba a mis pulmones, ni siquiera era capaz de respirar sin sentir que me ahogaba con el aire de tu ausencia. Aquel día lloré un mar entero y, sin embargo, sentí que me quedaba un océano por dentro suplicando tu regreso. Quería ser fuerte —como si romperme me hiciera débil— para no llorar sobre tu cuerpo. Quería regresar el tiempo a antes de la hora de tu deceso, pero fue imposible, no pude devolverlo, pero tampoco avanzar, me quedé en la hora en que dejaste tu último aliento.

Te fuiste y me quedaron tus memorias, no obstante, las lágrimas a veces me nublan los recuerdos entonces te extraño y siento que no puedo porque aunque estás en esta forma, ya nada se siente igual. Yo quisiera verte, correr hacia ti y abrazarte sin temor, sin tener que soltarte...

Ojalá siguieras aquí, con aquella sonrisa que tanto me encantaba. Perdóname por no abrazarte suficientes veces, ahora siento que me quedaron cortos los abrazos, así como el mismo tiempo...

Ringraziamenti

Mi agradecimiento en especial es para Dios, por permitirme encontrar un refugio en medio de las letras. Al final del día considero que esto de escribir también es un don.

Gracias a Darío Mitre quien ha sido como mi padre. Gracias a mi familia; mi madre, mis hermanos y hermanas, quienes siempre vieron luz en mí, incluso cuando mi vida ante mis ojos era completamente gris.

Además, agradezco a mis amigos escritores y lectores por estar presentes en mis proyectos, por hacer de este sueño una realidad. Gracias también a mi amiga Arianna por haber estado presente durante este proceso.

Gracias a mi prometido Charlie Altamirano, porque no solo eres mi amor bonito, sino que también uno de mis mayores pilares en este sueño, mi motor y mi inspiración en cada momento.

Gracias a Jairo Guerrero por ser el primero en leer esta historia, por querer ser parte de mi libro al igual que Manuel Ignacio. Ustedes fueron mi inspiración en este mundo de las letras así que toda mi vida estaré agradecida. Sin ustedes esta novela definitivamente no habría sido posible.

Gracias a Roxana Barahona por su excelente trabajo con la ilustración de mi portada. Así mismo gracias a ti, Christian por ayudarme siempre con el diseño de cubierta de mis libros. Amo cada detalle.

Y gracias a ti, querido(a) lector(a), por leerme y ser parte de mi sueño. Gracias por llegar hasta aquí haciéndole un espacio a cada una de mis letras. Sin ti, nada de esto sería posible, así que gracias, gracias siempre por acompañarme, por confiar en mis letras, por leer mi libro y hacerle un espacio a lo que soy y estoy construyendo.

PD. Ya son más de 1500 ejemplares vendidos de esta obra, así que gracias, infinitas gracias. ♥

Indice

Tabla de contenido

Printed in Great Britain
by Amazon